大都會文化
METROPOLITAN CULTURE

大都會文化
METROPOLITAN CULTURE

好心態，好自在

Easy Attitude, Easy Life

Easy Attitude, Easy Life

前言

這是一個窮忙、盛產陀螺的時代。

為了過更理想的生活，我們都盲目的忙碌，像陀螺般埋頭苦幹實幹，於是，不知不覺便陷在生活的泥淖裡；為了將工作做得更好，我們殫精竭慮、步步為營，於是，慢慢失去了生命中最純粹、最樸質的姿態和心態……

雖然人生沒有完美無缺的選擇，然而選擇抱持何種生活態度，卻在無形中左右著我們的人生。

本書並無意教導你遵循或仿效什麼準則，只是想提醒你：窮忙和陀螺般的人生是永無止境的陷阱，要應付大環境，還是做條輕巧靈活的魚吧！只要你肯適時地堅持或改變，便沒有不景氣——只有不爭氣。

堅持是一種追求，改變是一種策略；陀螺的堅持是本能，魚的改變是智慧。

一個窮忙、陀螺般的人生是無數若有似無的夢——為了不放棄夢想，總是馬不停蹄，少作停歇，但還來不及回味時，卻已耗盡人生歲月。

一條魚的人生是一片無邊無際的海——心在海裡，海在岸邊；心有多大，世界就有多大；風浪有多大，「隨波逐流」的勇氣就有多大；只要能夠突破心中的障礙，不論是一個魚缸或一片海洋，都擁有相同的自由和夢想。

因此，這是一本向你展示「魚」的人生策略和奮鬥技巧的經驗手冊，而與其刻意模仿像魚一樣左右逢源的姿態或心態，不如靜心感悟；與其把它當作某種終極目標實現的捷徑，不如當作享受柳暗花明的快意人生的功課。

人的一生中可以有所作為的機會只有一次，別再踟躕，那就是現在，趕緊有所改變吧。無止盡地悔恨過去或擔憂未來，已經浪費太多美好的時光，現在就放鬆緊繃的情緒，讓我們一起在如水的人生中，學做一條自在悠遊的快樂魚吧！

好心態，好自在

目錄

Easy Attitude Easy Life

目　錄 CONTENTS

Easy Attitude Easy Life

第五章 尋找生命中穩健的支撐點

目　錄 CONTENTS

第六章　避免人為製造的消極局面

第七章　從新的起點向上成長

Easy Attitude Easy Life

好心態，好自在

Easy Attitude, Easy Life

1 改變從心態開始

成功的人始終用最積極的思考、最樂觀的精神和最輝煌的經驗支配並控制自己的人生。

Easy Attitude,
Easy Life

心態左右命運

為什麼有些人就是比其他的人更成功，賺更多的錢，擁有不錯的工作、良好的人際關係、健康的身體，整天快快樂樂，擁有高品質的人生，而有些人整天忙忙碌碌卻只能維持生計？雖然人與人之間沒有多大的區別，但就是有人能夠克服萬難獲得成功，有人不行。

不少心理學家發現，關鍵就在於人的「心態」。一位哲人說：「你的心態就是你真正的主人。」一位偉人說：「不是你駕馭生命，就是生命駕馭你。你的心態決定誰是坐騎，誰是騎師。」

四十年前，南非某貧窮的鄉村裡，住著一對兄弟。他們受不了窮困的環境，決定離開家鄉，到外面發展。乍看之下，大哥好像幸運些，被主人賣到富庶的美國舊金山，弟弟卻被賣到窮困的菲律賓。

四十年後，兩兄弟再聚首時，已今非昔比了。哥哥當了舊金山的黑人僑領，擁有兩間餐館、兩間洗衣店和一間雜貨鋪，而且子孫滿堂，有的做生意，有的成為傑出的工程師或電腦工程師等科技專業人才。

弟弟竟然成了一位享譽世界的銀行家，擁有東南亞相當數量的山林、橡膠園和銀行。經過幾十年的努力，雖然他們都成功了，但為什麼兩人在事業上的成就，差別卻如此大呢？

兄弟相聚，不免談談分別以來的遭遇。哥哥說，我們黑人到白人的社會，如果沒有特別的才幹，就只能用一雙手煮飯給白人吃，為他們洗衣服。白人不肯做的，就由我們黑人來做，生活不成問題，但事業卻不敢奢望。即使我的子孫書讀得多，也不敢妄想進入上層的白人社會，只能安分守己地做一些技術性的工作來謀生。

看見弟弟這般成功，哥哥心生羨慕。弟弟卻說：「我並不是靠運氣。初到菲律賓時，也是做些低賤的工作，後來發現有些當地人比較愚蠢和懶惰，就接下他們放棄的事業，慢慢地收購和擴張，生意才逐漸做大。」

以上是真實的故事，它告訴我們：影響人生的不僅是環境，心態更決定性的因素，因為它控制個人的行動和思想，決定自己的視野、事業和成就。

有兩名年屆七十的老婦人，一個認為這個年紀是人生的盡頭而開始料理後事，另一個卻認為一個人能做什麼事不在於年齡大小，而在於有什麼樣的想法。於是，後者在七十歲高齡開始學習登山，其中幾座還是世界有名的。最近，她還以九十五歲高齡登上日本的富士山，打破攀登此山年齡最高的紀錄。她就是著名的胡達·克魯斯。

七十歲開始學習登山是一大奇蹟，人創造出來的奇蹟。思考問題，是成功的主要條件之一。一個人如果積極思考，喜歡接受挑戰，他就成功了一半。胡達·克魯斯老太太的壯舉正驗證了這一點。

一個人成功與否，取決於他的態度。成功者與失敗者的差別在於，前者始終用最積極的思考、最樂觀的精神和最輝煌的經驗支配並控制自己的人生。後者則是受過去的種種失敗與疑慮引導和支配自己的人生。

吃虧就是福

把吃虧當作「吃補」。

每個人在每天的生活中，難免要面臨許多「戰爭」，而這些戰爭，就像是一場又一場無止盡的循環賽。

只要是戰爭，就會有輸贏，我們很難保證自己能打贏每一場，所以，沮喪、憂傷、失敗……種種打擊，總是如影隨形似地跟隨左右。

「沒嘗過失戀、冷板凳、病痛等滋味的人，不容易出人頭地；逆境創造英雄，大多數成功的人都是從挫敗中站起來的。」人人都懂這個道理，但是真正面臨挫折時，有多少人能甘之如飴，用坦然的心態去面對它呢？

電影《意外的人生》（Regarding Henry）描述一位驕矜自滿的律師亨利，在一次意外中挨了兩槍，幾乎喪命，在危急時刻，他突然對人生大徹大悟，拋棄了過去的自私、冷漠、貪婪，變得熱情、開朗、有同情心。對他而言，挨兩顆子彈原本應該是很大的傷痛，結果反而成為他改變整個人生的契機。

人的一生中，處處充滿未知的危機，就像亨利一樣，冷不防就會中彈。這時候，我們只有兩條路可選擇：一是克服它，二是被它打敗。

心理學家陳怡安博士曾將人生歷經的各種挫折形容成「負面的恩典」，是幫助我們改善人生的教材。

儘管外在環境會不斷地干擾我們，甚至將我們擊倒，但人的可貴之處在於可以「成長再成長」，一旦發揮潛能，就會產生更大的創造力，幫助我們度過逆境，使得幽暗、未知變成命運轉變的機遇。

已故的國際電子化商品總經理洪敏隆生前曾說過：「要面對生活的戰爭，至少要具備兩件法寶，一件是危機意識，另一件則是平常心。」

「危機」是指危險的背後隱藏著機會，換言之，在順境中不忘危險，在危險的時候更不忘潛藏的生機。而平常心則意味著，保持豁然開朗的心胸，就不會惶恐緊張、順境自滿或困境自嘆。

戰爭有贏有輸，如果我們學會轉化危機，把它變成「負面的恩典」，那麼在下一次戰爭中，就有機會贏。

大多數的人都不喜歡聽不中聽的話、不願意被別人糾正缺點。而人之所以會被激怒，通常是因為怕被別人看穿，情緒才會波動。然而，每個人看自己難免都有「死角」，都有看不清自己的時候。這種情況就如同佛家所說的「我執」，亦即陷於偏見之中。而一個有偏見的人，不會包容其他人事物，也看不見大局，容易掉進死胡同裡。

事實上，在生活、工作中吃虧不一定是壞事。人必須具有寬容的胸襟，不要因無關痛癢的小事而斤斤計較。唯有體諒別人，才能收服人心。俗話說：「受人滴水之恩，當湧泉相報。」以寬容愛護的態度對待別人，別人也會將心比心，投桃報李，回報於你。

忍讓吃虧雖然有時委屈，但有時卻是對他人有利、對公眾有利或對整個人類生存環境有利。一如盧梭所說的：「忍耐是痛苦的，但它的結果是甜蜜的。為了這份甜蜜的事業，學會忍是值得的。」

就像偌大的星空，每顆星星都有自己的位置一樣，社會中的每個人無論高低貴賤、大小強弱也都有自己的生存空間。在那個小小的空間裡，你的喜怒哀樂、生存方式和習慣，甚至是你的小祕密都在其中。只要在這片天地，你就是這小小王國中的公民和「國王」，一切由你支配，自己服從自己。

然而，這世界實在太小，生活在這世界的人又太多了。每個人的生存空間都不是孤立存在的，而是縱橫交錯、擁擠不堪。所以，要擁有自己的生存空間，就要有吃虧的精神，以及包容與尊重他人的處世方式。

「與人方便與己方便」、「你敬我一尺，我敬你一丈」都是人們在相互交往、彼此摩擦中總結的至理名言。而「人不犯我，我不犯人」、「人若犯我，我也能忍」的名言和俗語，同樣是尋求和諧，共同創造良好生存環境的經驗之談，甚至可見一個人寬宏大度的胸懷。

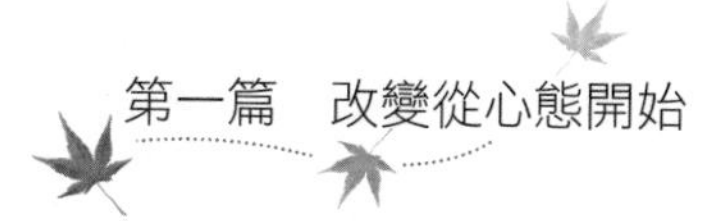

世界是擁擠的，人與人難免碰撞、摩擦，但是只要心裡空間博大，懂得尊重他人，能隱忍痛苦委屈，就可以減少碰撞、摩擦和矛盾，增加歡樂，生存空間自然就顯得寬闊。

如果在工作環境中，能時時體諒他人、主動幫助他人且甘於吃虧，那麼別人就會被你廣闊的心胸感染，從而敬重你、信任你，並反過來給予支援。

因此，我們應樂於把吃虧當「吃補」。當你能夠平心靜氣地吃虧時，就會有意想不到的收穫。

知足常樂，盲目比較無益

現實生活中，每個人多少都有心理不平衡的事，例如看見某人賺大錢、升官、買車或買別墅時，可能會產生自己的能力比他們強，為什麼卻不如他們風光體面的挫折感。而這種心理不平衡又會驅使人們去追求一種新的平衡。

倘若在追求新的平衡中，你能不昧良知，自覺接受道德的約束，通過正當的努力去實現人生的自我價值，達到一種新的平衡，就值得稱道和慶幸；倘若在追求新的平衡中，不擇手段，膨脹自私貪欲之心，讓身心處於失控的狀態，就會帶來一些意想不到的可怕後果，讓人生陷入難以挽回的敗局之中。

布魯克原先是個工作能力不錯，也很有實力的地方官員，因政績突出得到提拔。但在最近這幾年，當他知悉過去的同事、同學生活都過得比他好時，心生嫉妒，認為自己能力不比他們差，而且，身為地方官員，職位高、責任重，經濟上卻不如他們。於是，他在任職期間，收受賄賂，欲望沒有止境，最後淪為階下囚。

弗爾克是一名年輕的教師，原先在教學上兢兢業業，對學生無私奉獻，贏得學生和家長的一致好評。有一次朋友聚會的晚宴上看見一些富有的人，開始覺得不是滋味，接下來無法專心教學，還經常在上班時間思考致富的方法，引起學生和家長不滿，也遭到學校警告，但他不思悔改，每天還是想著發財，甚至在朋友的鼓動下從事走私生意，結果當然是財沒發成，還成為階下囚。

不平衡使得某些人心理自始至終處於一種極度不安的焦躁、矛盾、激憤之中，使他們牢騷滿腹，不思進取，工作得過且過，更有人鋌而走險，玩火自焚，走向不歸路。那麼，怎樣才能跳脫這種不平衡的心理呢？有以下幾種做法：

1. 適當的比較產生動力

不平衡心理緣於比較方式或比較對象不當。前面所說的地方官員和教師，他們選擇的比較對象是有錢人，並自認為能力、才華不比他們差，而收穫卻比他們少，這種比較本來就不公平。其實，只要多想一想普通勞動者，自然就不會產生嫉妒等的心理。與許多人相比，我們的條件並不差，何必比上不足呢？

2. 無私的態度是治療的良藥

心理不平衡導致心靈創傷，而無私則是治癒的良藥。在當今社會種種誘惑特別是金錢美色的誘惑面前，一些人目眩頭暈，忘記了做人的基本標準，在追求心理平衡的過程中，走向了腐敗、墮落。在他們身上缺少的是一種聖潔的信念、奮鬥的理想，缺少的是一種世界觀、人生觀的持續刻苦改造，以及不能自重、自省、自警、自勵，甚或達到一種高尚人格的修練。

做情緒的主人

大多數人都有受累於情緒的經歷，煩惱、壓抑、失落，甚至痛苦總是接二連三地來襲，於是頻頻抱怨生活對自己不公平，企盼某一天歡樂從此降臨。其實，喜怒哀樂是人之常情，人生更不可能一帆風順，關鍵在於如何有效地調整、控制自己的情緒，做生活的主人，做情緒的主人。

許多人都懂得要做情緒的主人這個道理，但遇到具體問題總是知難而退：「控制情緒實在是太難了。」言下之意就是：「我無法控制情緒。」別小看這些自我否定的話，這是一種嚴重的不良情緒暗示，它足以毀滅你的意志，喪失戰勝自我的決心。還有人習慣抱怨，從抱怨中得到片刻的安慰和解脫，結果卻因小失大，在無形中忽略了主宰生活的職責。所以，要改變身處逆境的態度，用積極的語氣對自己堅定地說：「我一定能走出情緒的低谷。」啟動潛意識的自主性，你將會成為自己情緒的主人。

輸入自我控制的意識是開始駕馭自己的關鍵步驟。曾經有個中學生，不會控制自己的情緒，常常和同學爭吵，老師批評他沒有涵養，他還不服氣，甚至和老師爭執。老師沒有動怒，而是拿出詞典逐字逐句解釋給他聽，並列舉身邊大量事例，他嘴上沒說卻早已心悅誠服。從此，他有了自我控制的意識，經常提醒自己，主動調整情緒，注意自己的言行。就在這種潛移默化中，他養成健康而成熟的心態。

事實上，調整控制情緒並沒有想像中的困難，只要掌握一些正確的方法，就可以駕馭自己。在眾多調整情緒的方法中，你可以先學習「情緒轉移法」，即暫時避開不良刺激，把注意力、精力和興趣投入另一項活動中，減輕不良情緒對自己的衝擊。

舉個例子。卡佳大考落榜了，看到同學接到錄取通知書時深感失落，但她沒有讓自己沉浸在這種不良情緒中，而是幽默地告別好友：「我要去避難了。」接著就出門旅遊去了。風景如畫的大自然深深地吸引了她，遼闊的海洋掃去她心中的鬱悶，情緒平穩，心胸開闊，她終於又可以積極的心態走進生活，面對現實。

可以轉移情緒的活動很多，最好還是選擇自己的興趣愛好，如各種藝文活動、與親朋好友傾談、閱讀研究、琴棋書畫等。總之，將情緒轉移到這些事情上，盡量避免不良情緒的強烈撞擊，減少心理創傷，有利即時穩定情緒。

情緒轉移的關鍵是要主動及時，避免沉溺在消極的情緒中太久，立刻行動，你會發現自己可以戰勝情緒，也唯有你可以擔此重任。生活中經常可以聽到有人發牢騷，或是看到有人鬱鬱寡歡，精神恍惚。每個人或多或少都會遇到挫折，這時，可以找朋友傾訴、聽音樂、打球，或者是找心理醫生。不過，這裡要介紹的是一種認知層面的自我心理調節方法。俗話說：「求人不如求己。」不管別人如何熱心地幫助你，而真正改變還是得靠自己。

為什麼我們在不同時間會有不同的情緒反應呢？考試獲得第一名，在學校和家裡都有面子，自尊心得到滿足。反之，跟朋友吵架就會情緒低落，認為朋友應該是有福同享、有難同當，不該為一件小事吵得面紅耳赤。顯然，我們之所以高興或傷心，全都源自於主觀的「認知」，認知決定情緒。唱歌、跳舞只能暫時消除煩惱，等到冷靜下來，又會陷入負面的情緒中。這就是所謂的「治標不治本」，而沒有在「認知」上解決問題。

一般人都能調整自己的心態，以較好的態度面對社會，但也有少數人持有一些不合理的信念，在遇到重大挫折時容易一蹶不振，嚴重時甚至不能正常工作或學習，給自己和親戚朋友帶來很多麻煩。歸納起來，這些不合理的信念主要有三種。

第一種是絕對化的要求。有些人總是從自己的意願出發，認為事情應該這樣或那樣，例如「我必須獲得成功」、「別人必須很好地對我」等。

再舉個例子。拉西爾因為幾門考試不及格被學校退學，情緒低落。拉西爾的母親解釋說：上大學之前拉西爾學習一直很努力，成績也不錯，可是上了大學就一年不如一年了。後來她才了解到女兒在上大學後仍然沿用高中的學習方法，書上的每個字都要讀得清清楚楚，認為學習就應該不放過任何一個小問題。然而，大學的參考書很多，別人多半提綱挈領地復習重點，拉西爾卻是逐字精讀。結果雖然一天到晚抱著書本，還是跟不上進度，成績越來越差。如果拉西爾能早點認清觀念上的錯誤，改變學習方法，就不會落到最後退學的地步。

第二種是過分概括化，也就是以偏蓋全、以點蓋面。大部分的人都知道要改變這種不合理的信念，但卻經常下意識地犯這種錯誤。

瓊斯在兒子死後每天不停地重複著「我為什麼不早點把兒子送醫院……」，她認為兒子的死完全是自己造成的結果，從而全盤否定自己。

其實，生活中這種例子比比皆是。成績差的學生往往會被當成壞學生，老師和家長也容易忽略他們的優點。談戀愛時也有會類似的情形，有的女孩只因為對方蓄鬍子，就認定他流裡流氣、心術不正。生意人善於抓住人們這種心理，商品的包裝越來越花俏，因為人們會認為包裝好，品質一定好。電視上曾報導過一些所謂與國外合資的名貴藥品其實和幾塊錢一袋的簡裝藥品成分是完全一樣。

第三種是凡事悲觀。整日愁眉苦臉、自責自罪而難以自拔，甚至經常對自己、對他人及對周圍環境採取絕對性的要求。當這種人認為「必須」、「應該」的事情沒有發生時，就無法接受這種現實。前面提到的女大學生，她認為自己必須讀完大學，所以遭學校退學時難以接受，堅決不離開宿舍，覺得一旦退學，往後將再沒有出息。實際上，很多沒讀大學的人，還是過得既充實又愉快。

每個人都應該經常反省自己，特別是遇到挫折時，更要理性檢視前因後果，以正確、合理的想法代替負面、不合理的想法。這樣一來，情緒自然會由消極變為積極了。其實，客觀事物的發生、發展都是有一定的規律，不可能按某個人的意志運轉。我們不可能完全不遭遇失敗，所以最好少用「絕對」、「必須」這類字眼。同樣的，也不能武斷地評判某件事或因某件事而決定某個人的信用評價，這無疑是「理智上的法西斯主義」。不管是對自己或對別人，最好是評價他的行為和表現，而不做人身攻擊。另外，凡事悲觀更是杞人憂天，人無完人，怎麼可能不犯錯呢？樂觀以對，才不會經常虛驚一場。天無絕人之路，不妨把擔心的時間移來做更充分的準備。

當然，說易行難，要真正想開並不是一件容易的事，我們必須隨時提醒自己，促使「理性的我」戰勝「非理性的我」。

消極的心態使人聽不到財富的敲門聲

消極的心態會遠離財富，積極的心態則能吸引財富。抱著積極的心態不斷努力，就可以取得夢寐以求的財富。樂觀的人，容易持之以恆；悲觀的人，容易功虧一簣。以下有一個典型的例子。

這個故事的主人翁叫奧斯卡。一九二九年某一天，他在美國中南部的奧克拉荷馬城火車站的月台等車。他在氣溫高達四十三度的西部沙漠地區已經停留好幾個月，為一個東方的公司勘探石油。

奧斯卡畢業於麻省理工學院。他把舊式探礦杖、電流計、磁力計、示波器、電子管和其他儀器結合成勘探石油的新式儀器。後來，奧斯卡得知公司因無力償付債務而破產，他失業了，前景黯淡，消極的心態開始侵蝕他的理智。

在火車站等待的空檔，他決定架起探礦儀器用以消磨時間，不料儀器上的讀數

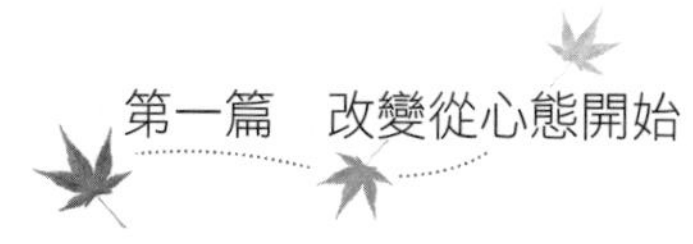

竟然顯示車站地下蘊藏石油，但奧斯卡已被負面的情緒蒙蔽，他在盛怒中踢毀儀器，大叫道：「這裡不可能有石油，絕對不可能。」

失業令奧斯卡一蹶不振，他一直在尋找的機會就在腳下，他不肯承認它，對自己完全喪失了信心。

自信，是成功的基本原則之一。最好經常檢驗自信心，反省是否在最需要的時候應用它。

奧斯卡在奧克拉荷馬城的火車站登上火車前，毀棄用以勘探石油的新式儀器，同時也丟掉了一個全美最富饒的石油礦藏地。不久之後，人們就發現奧克拉荷馬城地下的石油，這座城就浮在石油上。這個例子就證明了：積極的心態能吸引財富，消極的心態會排斥財富。

2 敞開心胸，放大格局

請忘記凡事必須完美的想法，你自己也不是完美的，這樣生活才能輕鬆愉快。

Easy Attitude, Easy Life

要拿得起，更要放得下

發條上得太緊的錶走不久；馬力加得極限的車開不長；繃得太緊的琴弦彈不久；情緒緊繃的人容易生病。因此，善用錶的人不會把發條上得過緊；善駕車的人不會把車開得過快；善操琴的人不會讓琴弦繃得過緊；善養生的人則會常保輕鬆愉快的心情。

二次世界大戰時，邱吉爾到北非蒙哥馬利的行轅移樽就教，閒談時，蒙哥馬利說：「我不喝酒，不抽煙，晚上十點準時睡覺，所以我現在還是百分之百的健康。」邱吉爾卻說：「我剛好跟你相反，既抽煙，又喝酒，而且從不準時睡覺，但我現在卻百分之二百的健康。」很多人都覺得奇怪，像邱吉爾這樣一位身負重任、工作緊張的政治家，生活不規律，何以壽登大耄，而且還百分之二百的健康呢？

其實只要稍加留意，就可以知道他健康有賴於持之以恆的鍛鍊與輕鬆的心情。

他抽煙、喝酒，又不準時睡覺，但在戰事最緊張的周末卻會去游泳，在選戰白熱化時會去釣魚，在演講結束後會去畫畫，而且經常叼著一支雪茄，放鬆心情。

放鬆心情的第一要素是「知止」。「知止」而心定，定而後能靜，靜而後能安，靜且安，怎麼還會不輕鬆呢？

第二要素是「謀定後動」。做任何事情，先有周密的安排，然後按部就班去做，就能應付自如，不會手忙腳亂。在這瞬息萬變的社會裡，難免有突發事件，此時更要沉住氣，詳細地安排。事事都謀定後而動，就能像謝安那樣，在淝水之戰的緊張時刻，保有下棋的閒情逸致。

第三要素是不做能力範圍之外的事。身兼數職，容易顧此失彼，或用非所長、心餘力絀，心情怎能輕鬆呢？

第四要素是「拿得起，放得下」。千萬不要整天掛念某件事，否則不僅於身有害，且於事無補。

第五要素是在輕鬆的心情下工作。工作可緊張，但心情須輕鬆。在肩負重擔時，在寫作疲累時，不妨高歌兩曲。心情越緊張，工作越做不好。一個口吃的人，在悠閒自在地唱歌時，絕不會口吃；一個上台演講就臉紅的人，在與愛人談心時一定能言善道。總之，要身體健康、工作順利，就要在輕鬆的心情下工作。

最後一個要素則是保留空閒的時間。很多使我們心情緊張的事，都是因為時間短促，怕耽誤事造成的。若做每件事都留有餘裕，就可不慌不忙、從容不迫了。其中一種做法是將錶的時間撥快一點，然後經常用錶上的時間提醒自己，如此就不會延誤急事了。

很多醫學家都說，在輕鬆的心情下吃東西較易消化；在緊張的心情下吃東西容易得胃病。心情愉悅的人容易入睡；情緒緊繃的人則容易失眠。一般而言，步調慢的人比較長壽，步調緊促的人，身體經常會有毛病。

積極拓展社交圈

新的世紀，萬事萬物變化速度之快，有時真的超乎想像。為了跟上這快速發展的時代，每個人都在改變自己，因而，在人際交往中，心態的調整已經越來越重要了。

人與人之間的交流最怕的就是成見。第一印象十分重要。人們通常會把第一次的印象當成基準，這個基準會影響對方以後對你的言行的判斷。當然，每個人都會改變，當對方因為某些改變而溝通不良時，可能就會從朋友變成陌生人，甚至是仇人。

曾經有位心理學家做了一個實驗：實驗人員讓兩組參加者打電話給同一位女士。但告訴第一組說，對方是一個冷酷、呆板、枯燥、乏味的人，而告訴第二組說，對方是一個熱情、活潑、開朗、有趣的人。結果，發現後者與那位女士相談甚歡，通話時間明顯比前者長。反之，前者與那位女士卻無法順利閒聊。

原因在於，你事先的預期或看法決定了後來的交往方式，包括你的語言資訊和非語言資訊都會受到預先期待的影響。

如果我們能以包容的心對待一切人事物，時時檢點自己，嚴以律己，寬以待人，就不會發生上述的情況，這也是與人相交的基本要件之一。生活在大千世界中的人其性格、興趣、職業、習慣等諸方面，具有很大的差異，對事物、問題的認識與理解也不盡相同。因此，調整自身的心態格外重要。

兩個不同的人同時移居到某個小鎮。第一個來到市郊，在加油站停下來問一名職員：「這個鎮裡的人怎麼樣？」加油站的職員反問：「你以前那個鎮上的人怎麼樣？」第一個人回答說：「他們糟透了，很不友好！」加油站的職員說：「我們這個鎮上的人也一樣。」第二個人來到市郊，也在同一個加油站停下來，並且問了相同的問題。加油站的職員同樣反問：「你以前那個鎮上的人怎麼樣？」第二個人回答：「他們好極了，十分友好！」加油站的職員也說：「我們鎮上的人也一樣。」

由此可知，在人際交往中，你對別人的態度和別人對你的態度是一致的。有位心理學家曾經說過，我們通常能夠從別人的臉上讀到自己的表情。這句話深刻地揭示了人際交往中的預期，即態度是決定交往成敗的心理根據。

我們不能要求朋友與自己一樣，不能以自己的標準和經驗來衡量朋友的所作所為，要承認朋友與自己的差別，並能容忍這種差別。不要企圖去改變別人，這樣做是徒勞的。宋代文士袁采說過：「聖賢猶不能無過，何況人非聖賢，安得每事盡善？」朋友與朋友在日常的交往中，不可避免地要出現或大或小的失誤，這時不要動不動就橫加指責，大聲呵斥，或將他置於走投無路的境地，而要做到樂道人之善，多看別人的長處。交往成敗的關鍵在於調整自己的期待，把別人想像成天使，你就不會遇到魔鬼。

古人說得好：「無求備於一人，寬則得眾。」朋友間的日常交往中，若朋友未能滿足自己的需求、有什麼過錯或做了對不起自己的事情，不可懷恨在心。怨恨不僅會加深朋友間的誤會，影響友情，而且會擾亂正常思維，引起急躁情緒。

其實在當今的人際交往中，人們都有保持心理平衡的需要。你怎樣看別人，別人就怎樣看你；你怎樣對待別人，別人就怎樣對待你。否則，對方就會感到不平衡。所以，如果你事先對他人有消極的看法，那麼，這些看法勢必會無意識地流露出來，表現在你的語言或行動上。而對方察覺到你的言行後，也會做出相應的反應。

凡事都要站在朋友的角度去想，這樣就能夠理解朋友的所作所為。要真正做到隨時調整好自己的心態，就必須提高對自身素質的要求，全面展現自己，多看別人的長處並原諒其過錯，包容對方的素質與涵養，這樣友誼之樹才會長青。有句古話說：徑路窄處，留一步與人行；滋味濃的減三分讓人嘗。這就是人生極樂法。在道路的狹窄之處，應該停下來讓別人先行一步。只要心中常懷這種想法，人生就會快樂安詳。交友也應具備這種素質，遇事先讓人三分。

這又正如古人說的：「人情反覆，世路崎嶇，行去不遠，須知退一步之法。」

生氣是拿別人的錯誤懲罰自己

塞車嚴重，紅綠燈仍亮著紅燈，時間急迫。你煩躁地看著手錶的秒針。終於亮起綠燈，可是你前面的車子遲遲不啟動，開車的人正在發呆。你憤怒地狂按喇叭。那個人似乎驚醒了，倉促地發動車子。而你卻在幾秒鐘前還陷於不快的情緒之中。

美國研究應激反應的專家理查德．卡爾森說：「我們的惱怒有八十％是自己造成的。」這位加利福尼亞人在討論會上教人們如何不生氣。他還就此寫了一本書，把防止激動的方法歸納為：「請冷靜下來！要承認生活是不公平的。任何人都不是完美的，任何事情都不會按計畫進行。」從二十世紀五十年代起，應激反應這個詞才被醫務人員用來說明身體和精神對極端刺激（噪音、時間壓力和衝突）的防衛反應。

現在研究人員知道，應激反應是在頭腦中產生的。即使是非常輕微的惱怒情緒，大腦也會命令分泌出更多的應激激素。這時，呼吸道擴張，大腦、心臟和肌肉系統會吸入更多的氧氣，血管擴張，心臟加快跳動，血糖值升高。

埃森醫學心理學研究所所長曼弗雷德．舍德洛夫斯基說：「短時間的應激反應是無害的。」還說：「使人受到壓力是長時間的應激反應。」他的研究調查結果顯示：「六十一％的德國人感到在工作中不能勝任；三十％的人因為無法處理好工作和家庭的關係而有壓力；二十％的人抱怨與主管之間的關係緊張；十六％的人說在通勤時精神緊張。」

理查德．卡爾森提出一條黃金規則，即「不要讓小事情牽著鼻子走」。他建議：「要冷靜，要理解別人。表現出感激之情，別人會高興，自我感覺也會更好。」

學會傾聽別人的意見，不僅生活有趣，也可以博得別人的好感。每天至少對一個人說，你為什麼賞識他；不要只看別人的缺點，這種做法會導致雙方不愉悅；不要頑固地堅持自己的權利，這只是浪費精力；不要老是糾正別人，經常面帶微笑；

不要打斷別人的話，不要讓別人為你的過失負責；接受不成功的事實，天不會因此而塌下來；請忘記凡事必須完美的想法，你自己也不是完美的，這樣生活才能輕鬆愉快。

當你抑制不住生氣時，請反問自己：「一年後生氣的理由是否還那麼重要？這會使你對許多事情得到正確的看法。」

成功沒有貴賤之分

成功是多元的，沒有貴賤之分，適合自己的、擅長的就是最好的。

奧托．瓦拉赫是諾貝爾化學獎得主，他的成就極富傳奇色彩。瓦拉赫在就讀中學時，父母為他選擇文學之路，不料一個學期下來，老師寫了這樣的評語：「瓦拉赫很用功，但過分拘泥，這樣的人即使有著完美的品德，也不可能在文學上發揮出來。」此時，父母只好尊重兒子的意見，讓他改學油畫。然而，瓦拉赫既不善於構圖，又不會潤色，對藝術的理解力也不強，成績敬陪末座，學校的評語更是令人難以接受：「你是繪畫藝術方面的不可造就之才。」面對如此「笨拙」的學生，大部分的老師都認為他已成才無望，只有化學老師認為他做事一絲不苟，具備做化學實驗應有的特質，於是建議他嘗試學習化學。父母接受化學老師的建議。結果，瓦拉赫智慧的火花迅速被點燃。文學藝術的「不可造就之才」，頓時變成公認的「化學高材生」。

瓦拉赫的成功，說明這樣的道理：「人的智慧發展不均衡，有其優劣。人一旦找到關鍵點，就能充分發揮潛力，展現驚人的成績。」人們將這種現象稱為「瓦拉赫效應」。幸運之神會垂青忠於自己長處的人。松下幸之助曾說，人生成功的訣竅在於經營自己的長處，經營長處能使人生增值，反之，則會貶值。他還說，一個將牛奶賣得非常好的人就是成功，你沒有資格看不起他，除非你能證明你賣得比他更好。

據說有一次，愛因斯坦上物理實驗課時，不慎弄傷了右手。教授看到後歎口氣說：「唉，你為什麼非要學物理，為什麼不去學醫學，法律或語言呢？」愛因斯坦回答：「我覺得自己對物理學有一種特別的愛好和才能。」這句話在當時聽起來似乎有點自負，但卻真實地說明了愛因斯坦對自己有充分的認識和信心。

國中畢業的小明，學科成績不高，無法進入明星高中就讀，因而感到前途渺茫。

有一天，在美國留學回來的叔叔，知道小明的情況後，問他對哪方面有特別的興趣，小明說，水果雕刻技術之類。因此，叔叔鼓勵小明上職業學校培養廚師專業。幾年之後，小明進入一家三星級飯店。當他第一次將薪水交給父母時，父母驚訝萬分，他們工作幾十年的月薪比小明的薪資少很多。父母第一次以兒子的成就為傲。

成功學專家羅賓說：「每個人身上都蘊藏著一份特殊的才能。那份才能猶如一位熟睡的巨人，等待我們去喚醒，上天不會虧待任何一個人，他給我們每個人無窮的機會去充分發揮所長，每個人身上都藏著可以『立即』取用的能力，我們可以藉這個能力可以改變自己的人生。」

學會競爭

競爭可以克服惰性，促進社會的進步和發展。對於每個人來說，競爭使人滿懷希望，朝氣蓬勃，發揮生理和體力上的潛能，達到精神上和心理上的滿足。但是，競爭也容易使人在長期緊張生活中產生焦慮、神經質、身心疲憊等問題。如果挫折容忍度低，就會引起消沉、精神異常，甚至犯罪、自殺等嚴重問題。

要正確面對競爭。有競爭，就會有輸贏，就會產生成功者和失敗者。一個人不承受多次失敗，缺少不甘落後的進取精神，沒有頑強的毅力和百折不撓的氣概，缺乏良好的心理承受能力，很難獲得成功。

正確評價自己。對自己要有客觀的、恰如其分的評估，努力縮小「理想我」與「現實我」的差距。在制定目標時，不好高騖遠，也不妄自菲薄，有系統地整合長程和短程目標，腳踏實地實踐，才有助於理想的實現。

在競爭中要能審時度勢，揚長避短。一個人的需求、興趣和才能是多方面的。「一根腦筋通到底」的思維方式不一定可取。合理的調整才能增加競爭中成功的機率，減少挫折感。

失敗會帶來焦慮和沮喪，在挫折面前應該理智，自覺地進行情緒調控，擺脫消極情緒，迅速轉移注意力，可以用聽音樂、打球、跳舞、下棋等活動宣洩心理壓力。提供幾個提高競爭優勢的方法：

1. 展示優秀的一面

2. 避免與對手發生正面衝突

3. 擁有一顆寬容的心

實際上，在競爭中取勝的最好辦法就是在平時提高自己的競爭意識。如果你能做到工作上精益求精、人際關係和諧，在人群中脫穎而出，你根本就不必和別人競爭，因為，你的表現已經向上司和同事們證明，你的確是最好的。

學會競爭也要選擇理想的競爭對手，最好的方式是，從周遭找出刺激自己、鼓勵自己和給自己力量的競爭對手。如果想使自己的人生充實、美妙，只靠自己一人孤軍奮戰，成就必然有限。因為此時必須與自己的惰性心理及自我意識對抗，所以要確定好的競爭對手。

也可以從利害息息相關的同事中，找到適合的競爭對手。不過，最好還是把眼光放遠，留意公司外的人士。若能從親近的朋友中找出競爭對手更好。雖然朋友和你的目標不同，但同樣是為了更美好的未來努力，只要留心，一定可找到這種人，藉此檢討自己，求取進步。

當然，將朋友當成競爭對象的事要隱瞞對方。有了這位對手做動力，當自己想要倦怠偷懶時，就能夠激勵自己，力圖振作，這樣不但對你有極大的幫助，也不會影響到彼此的友情。即使對方知道了也無妨，你將他當成競爭對手是尊敬他，對方應該會對你的積極想法抱以認同的態度。總之，這樣一來，不僅可以拉近兩人的關係，也可從彼此的所作所為中學習其優點。

在人生旅途上，我們有和很多人接觸的機會，苦能找到可當成處世標準的優秀前輩、工作目標、亦敵亦友的朋友做為競爭對手，那麼你在人生的道路上就邁出了一大步。有競爭對手的人生更有動力，能夠勇於向未知挑戰，同時能夠增加人格魅力。

3 改變是生存的策略

學會淡化別人的嫉妒心理，便有利於消除彼此的敵意和隔閡，成為各行各業的佼佼者。

改變膽怯和羞怯的通病

想像自己身處於一個你只認識幾個人的雞尾酒會上，你跟一些人談話，然後他們走開去取飲料或加入其他的人群裡，而另外一邊有一群人頗吸引你，現在你該怎麼辦呢？是走上前去，面帶微笑，自我介紹呢？還是站在那堆人的旁邊希望他們會注意到你？或是去找你認識的人？又或者是找藉口離開？

如果跟陌生人做自我介紹對你是件難事，那麼你一定是個害羞型的人。就像許多人一樣，害怕陌生人，甚至於你所認識的人。你可能討厭宴會，或是任何對你的前途有切身關係的情境，如面試或相親等。害羞隨時都令你畏縮。例如，你曾在某個地方工作幾個月，很想見見辦公室外的某些人，但因害羞而不敢開口；或是不知道該如何接近心儀的對象；或是害怕去看醫生或到理髮店理頭髮，只因你不知道該跟他們說什麼。

在倫敦市郊有位叫愛麗絲的女人，她發起成立了一個叫「門戶開放」的團體。這個團體的會員很少見面，雖然很多人都住得很近，但團員只是待在家中閱讀社團簡訊，幸運的話，可以利用電話與愛麗絲交談，甚至可以去拜訪愛麗絲。

幾年前，愛麗絲寫了一篇文章登在某雜誌上，內容描述她如何戰勝「曠野恐懼症」。她害怕出門，不敢跟陌生人講話，連日常生活中必要接觸的人都令她畏懼，於是她發現自己愈來愈畏縮——只待在家中，不出門，不與任何外人見面。後來，她認清是怎麼一回事時，決心要克服它，經過一番努力，終於戰勝了恐懼感。

愛麗絲以前也寫過文章，但這次卻有很多人寫信告訴她：「我也有相同的困擾。」有些人的症狀輕微，只是逃避社交活動，或是不習慣與不熟的人交談；有些人則整天待在家裡，逛街時還需有人陪伴，甚至要等天黑才敢出門，坐車時一定緊閉車窗；另外還有些人不敢隨便開門，電話鈴響時，也不敢接。

愛麗絲知道，這些人之中大部分是深受另一種恐懼之苦——害怕必須為了某個理由而出現在任何一個特別的地方，他們希望脫離團體，卻又害怕獨處。

有什麼方法可以幫助這些人呢？愛麗絲發現心理分析並沒有什麼用處，因為只找出原因並非病人真正想要的，許多病人反而把他們分析出來的結果拿來當做不能面對世界的藉口：「等我把這些問題都解決了就敢出外與人碰面了。」但事實上他們會變得更害怕，更沒有獨立感。

想改掉這種毛病，患者不能有害怕的動機，這樣才不會加強害怕的心理。參加宴會、要求房東粉刷屋子或赴求職面試等——去做任何一件你以前因害怕而逃避的事。愛麗斯就曾試過，即使是在她極度害怕之下，以為根本不可能去做那些事的時候，她還是做了，所以她現在勸告別人：「要強迫自己擴大活動範圍。」

自我創造的原則告訴我們，害羞何以產生，以及為什麼強迫自己才是唯一克服這種個性的方法。「害羞是習慣累積而來的，肇始之因很多，但都是以某種方式被強化：行為裡一再表現這個動機。」有時候害羞會與疾病一起發生。

你以前因害羞而錯失了許多美好的事物，甚至不斷加深別人讓你害怕的感覺，以及自己活在可怕世界裡的想法。現在，你冷靜思考到底是什麼東西讓你害怕？建議按照下列的指示進行檢討。

1.先想想你和別人有何相同之處。如人性的脆弱、感染疾病、渴望友誼、被人尊敬以及害怕死亡等。不論其身分地位如何，每個人都會有這些共同點。

2.找出你的長處與興趣。嘗試與別人一起做你喜歡且擅長的事，看看你表現得如何。或許你只有在家裡才能安心地與人相處；或者你是撞球高手，只有在打撞球時才不會害羞。注意在上述兩種場合裡，你有何不同的反應。你更喜歡自己嗎？或許在別的場合可採取這種方式接近他人。

3.避免無謂的優越感。如果你總是認為別人包括同事、親戚或朋友不如你，就是替自己造成不願接近別人的心理，因為有一天他們可能也會這樣輕視你。自以為是，會使你覺得唯有成功的人才有自信的權利。事實上，每個人，包括你自己，都有資格受到別人尊敬。

4.不要找藉口說什麼時間、地點都不適合你加入人群。你的害羞通常來自於覺得自己闖入某個團體的時機不恰當造成的，因此，當你在社交場合裡，不妨假想自己永遠不能離開那裡，而且再也碰不到其他人了，這個團體就是你的世界，你必須在裡面找到朋友，別人也和你一樣需要幫助。

5.想想誰最令你害怕。他們是些什麼樣的人，他們是否屬於某個特殊的階層——特別年輕、富有、有魅力或特別有成就？你為什麼會選擇這些人？

這時，你會發現，你根本不是真的對這些人感興趣，而只是羨慕他們的年輕、外貌、金錢或地位，想要以後能夠對別人說，你曾跟某個有名的人說過話。在此情況下你就會畏縮，因為你深怕對方知道事實後會拒絕你。

我們所要克服的害羞，是使你不敢向感興趣的人攀談的那種類型，你也知道辦法，即不要逃避——盡量到你可以遇見人的地方，留下來跟他們談話，經常去尋找人群所在，然後按下列建議行事。

1.試著坐在人群的中心位置。害羞的人常喜歡躲在角落，怕引人注目。因為這樣就沒有人注意到他們，因而「證實」沒人關心他們的想法。改掉這個習慣，讓別人有機會注意並關心你。

2.有話大聲說。內心想要離開人群的人，說話都很小聲，不妨提高講話的音調，有助於增加說話的自信。

3.別人跟你講話時，眼睛要看著他。害羞的人容易忘記這點。當然不必瞪著對方，但至少要讓他知道你是在傾聽，而且目視對方還能讓你相信他會在乎你的反應。

4.別人沒有回應時，要再重複一遍。不要替自己找理由說是別人對你的話不感興趣。

5.別人打斷你的話時，要繼續把它說完。我們講話時常會被打斷，而羞怯的人有時還會用行動來造成別人打斷他的話，就好像那正是他所期望的事。不過有時對方插話也表示對方對你說的事愈來愈感興趣。所以下次不要把中斷談話當成藉口而逃離人群。

就這麼簡單嗎——看著對方，大聲說話？不錯。害羞的人自己都不知道他們說話時眼睛幾乎從來都不看別人，說話時也不夠大聲，導致他們更內向。

就像改變其他行為一樣，剛開始時你會覺得不安，覺得自己還是回到老樣子比較自在——要提高音量或回到你被中斷前的話題實在荒謬，彷彿你突然像極了令你尷尬的父母。這時，根據擴大作用的方法，你先將一切恐懼的事情朝好的方面想，最重要的是不要在乎那些害怕的心理，那麼以後你就會發現自己成了另一個人。

只要你能下定決心，漸漸地你就能做到這些事情，並會驚訝地發現自己居然敢在眾人面前演講，上街時不需要朋友作伴，即使面對陌生人，你也不再有拘束感，而且隨時充滿自信。

那些有成就的人，是如何面對成功與失敗的呢？這些人總是能夠恰如其分地處理自己的情緒。他們認為若因恐懼失敗而放棄任何嘗試機會，就不會進步。所以，凡事要去嘗試，萬一失敗也在所不惜。即使失敗了，也可作為將來的借鑑。沒有嘗試就無從得知其深刻內涵，而嘗試過，則由於對實際的苦痛親身經歷過，這種種的體驗就成為將來發展的鋪墊和準備。

累積的經驗可以成為日後的借鑑，理解這個簡單的道理，對任何事就應鼓起勇

氣敢於挑戰。若害怕懊悔而對任何事都猶豫不決，就會失去做事的勇氣，而一旦失去那股衝勁的話，又怎麼能夠成功呢？

因此，做與不做完全取決於自身。要做的事情只要有五十%成功的希望，就應投入百分之百的幹勁大膽地實行，只要盡力去做，最後總有收穫。在人生道路上，成功者往往是那些富冒險精神的人。

對畏懼者這裡有三條忠告：第一是不怕羞；第二是不怕流汗；第三是不怕麻煩。倘若你在剛進入公司時能經得起這三項考驗，或者是在較短時間內能通過這個難關，相信你將來一定是個極有前途的人。

「顧影自憐」於事無補

有些人很難察覺生活中有何不對勁之處，有些人則自以為知道，但其實並不清楚。

漢克逢人就解釋：「我十七歲時為了供養弟弟而被迫輟學，好運不曾降臨在我身上。」

艾莎總是跟別人說：「我從小就患小兒麻痺症，行動不便，所以根本不可能找到好工作。」

瓊恩則自認：「我已經老了，如果生活一片空白，那也是無可奈何的事。」

「你不能期望我……」及「如果……也是無可奈何之事」之類的話，明顯地含有自憐成分在內，也表示說者只注意自己的問題，經常陷於自怨自艾中，希望引起他人的同情，「世上只有我才能了解困苦所在。」這是他們最常說的一句話。

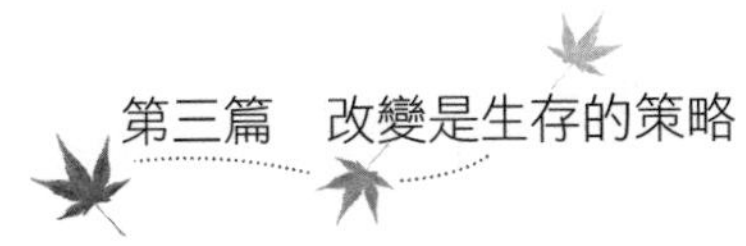

日常生活中，每個人或多或少都會遇到麻煩，有些人更是禍事連連，境遇不佳。例如久病在床、失戀、沒有住所、工作不順或身有殘疾。這些人為自己難過也是無可厚非的事。但是，對一個經常為其境遇悲傷的人，你會有什麼感覺呢？大部分的人聽久了多半會開始厭煩，甚至可能會勸對方向環境妥協，最糟的是不想再理他。

自憐產生的第一個問題就是引起他人反感。別人剛開始可能會同情你，但不久，他們就會感到厭煩。親朋好友或許還會繼續同情你，不過最後他們也會覺得沒有義務再理你。事實上，那些厭倦傾聽自憐者訴苦的人，並不是沒有憐憫心，而是因為沒有人喜歡跟一個整天談論自己有多麼不幸的人在一起，跟這種人交談會覺得索然無味，而且也找不出方法可以幫助他。

自怨自艾只會使你不斷地問自己「我為什麼會這個樣子呢？」若不去尋找答案，只是沮喪埋怨，悲觀地認定凡事都已註定，自己根本無法改變，那麼人生永遠不會有希望。總之，只要擺脫這種負面的情緒，就能從絕境中找到轉機。

想了解你的問題有多嚴重，可以先試試下面三個測驗，在三個星期之內做以下的事情：

1. 不要對任何人提起你的問題。

2. 不要因你的處境而責怪別人或任何事情。

3. 不要說別人的處境比你好，同時盡量加入或大談自己喜歡的活動。

如果你能輕易做到上面三點，你就不必擔心自己有自憐的傾向。倘若你發現無法或很難堅持三個星期之久，即表示你有自憐的傾向。

一個人為什麼會產生自憐之心呢？通常都是孩童時期造成的。艾莎七歲時，罹患小兒麻痺症，因病重而跛腳。父母、兄弟姊妹、老師，幾乎人人都同情她，她常聽到他們大嘆：「可憐的小孩，長大後會變成什麼樣呢？」

由於她既不能跑，也走不快，所以同學都不願意和她一起玩。父母為了補救這點，特別為她購買了其他小孩會想跟她一起玩的昂貴玩具，生日時也替她舉行盛大的慶祝會。

結果，艾莎不知不覺地就產生兩種偏差的想法。第一：只要她提及自身的殘廢，就可以獲得家人的愛；第二：當別人同情她或她擁有別人想要的東西時，別人才會愛她。

艾莎因小兒麻痺症而改變了生活，但內心的創傷卻是她自己及父母造成的。因為他們都相信一個女孩要是跛腳就無法過正常的生活。他們的所作所為更加深了這種想法，導致艾莎在往後的三十年裡，一味地執著於唯有表現得無助才能得到別人的同情。

如果你是個自憐者，就要找出你自認為可憐之處。你可能早就有自知之明，而且還經常向人提起。趕快停止這樣種行為吧，在短期間內不向人抱怨，然後仔細思考到底是什麼事情令你害怕。當你看清楚自己的缺陷後，就會明白這些缺陷並不會毀了你的一生，最好盡量不要在意，如果每次都表現出一副無助的模樣，反而會加深自己的自卑感。

另外，在你遇到無法克服的困難時，要注意避免下列六種行為：

1.不要讓別人攻擊或利用你。如果你失業了，整天待在家中，也不要太在意家人過分同情的言詞或嘲諷的話語。

你可能會擔心：「有一天要是我真的生病了，或是成為他們的負擔，我是不是就該聽他們的呢？」其實不必這樣。他們本來就會關心你，所以你可以要求他們不要以你的處境來束縛你，況且目前的處境只是暫時的，錯不在你。如果他們不肯順從你的意願，你可以另做打算，就是不要用各種方法討好他們，否則只會陷入自我厭惡的深淵，對自身的缺憾感到更加無奈。

2.不要降低對自己的期許。或許你認為自己家境不夠寬裕，或者身體有缺陷而不敢期望有很大的成就，但是這種念頭只會加深覺得自己無能的想法。

建議反其道而行，想到要做什麼或學什麼，就強迫自己盡力而為，這可能會成為你從自憐轉變為自重的第一步。

3.別為你的缺陷感到羞愧。貝絲因臂骨受傷，躺在床上好幾個月。在此期間，她不斷地對丈夫、孩子、探病者表示抱歉。這種舉動使她覺得意外事故毀掉她的生

活。當然，不是說不該表示感激之情，只是不必花太多時間或精力去表示，否則不但傷了自己，也會破壞你與他人之間的關係。

4.不要成為家務事的奴隸。如果你覺得自己應該負責煮飯、洗衣、照顧小孩等事，那你的潛意識裡一定是認為自己沒什麼長處，而且每當你在做這些家務事時，就越會有這種想法。

5.不要攻擊自己的缺點。有個很矮的朋友，總是自稱「矮子查理」，當我糾正他這種習慣時，他還半信半疑。然而，自從他不再叫自己「矮子查理」後，他再也不介意自己的身高，生活反而變得更輕鬆愉快。

6.不要因你的缺陷而承受不必要的壓力。在尚未有隱形眼鏡之前，很多女人因為不願意戴眼鏡而視線模糊，這樣不僅加重眼睛的負擔，還貶損了她們的身價，因為她們深信男人討厭女人戴眼鏡。

你不妨好好地靜下來想想缺陷使你失去了什麼，看清楚你的弱點是什麼。別限制自己去追求合理的目標，也別把心放在不可能的事上。就像你有口吃，就別一心只想當個主播。不願面對事實比事實本身更可怕，而且會使不能做的事變得比其他能做的每件事更重要。當你花很多的心力補償自己的缺陷時，你會發現一個有趣的現象：例如你告訴自己：「要是我沒有這個弱點，不知道該有多好！」於是你把所有的精力都用在克服這個弱點上。結果或許你真能除去形體上的缺陷，但卻可能比從前更不喜歡自己了。

避免太在意自己的缺點，尤其不要對缺點做任何補償——除非是能帶給你快樂、力量及成就的積極事情。除了某些明顯不能做的事之外，你應該去尋求能做得好的事，並且不要認為自己力有未逮。如果你表現得好，自然就會對自己更有信心了。

嫉妒是痛苦的，虛榮是愚蠢的

嫉妒是一種難以公開的陰暗心理。在日常工作和社會交往中，嫉妒心常發生在一些與自己能力相當、能夠形成競爭的人身上。例如有人的論文獲獎時，一般人都會稱讚或表示祝賀，但就是有人會一言不發，心存芥蒂，甚至在事後或就這篇論文或就對方其他事情的「破綻」加以攻擊。萬一對方再如法炮製，以牙還牙，就會造成惡性循環，影響雙方的事業發展和身心健康。

因此，要克服嫉妒心理，首先要先思考後果，認清危害性。其次，一定要控制自己，不被嫉妒心所擾，不做傷害對方的偏激行為。最後，不妨將精力投入到既感興趣又複雜的事情中，轉移注意力。

嫉妒心理往往發生在雙方及多方，注意自己的性格修養，尊重與幫助他人，尤其是自己的對手，不但可以克服嫉妒的心理，而且可以使自己免受或少受嫉妒的傷害，同時還可以取得事業上的成功，享受生活的愉悅。

以下有幾個化解嫉妒心理的良方：

1. 胸懷大度，寬厚待人

十九世紀初，蕭邦從波蘭流亡到巴黎。當時匈牙利鋼琴家李斯特已蜚聲樂壇，而蕭邦還是一個默默無聞的小人物。然而李斯特對蕭邦的才華卻深為讚賞。為了幫助蕭邦贏得觀眾的聲譽，李斯特想了個妙法：一般在演奏鋼琴時，須把劇場的燈熄滅，以便使觀眾在黑暗中聚精會神地聆聽演奏。李斯特坐在鋼琴前，當燈一滅，就悄悄地讓蕭邦過來代替自己演奏。觀眾被美妙的鋼琴演奏征服了。演奏完畢，燈亮了，人們既為出現這位鋼琴演奏的新星而高興，又對李斯特推薦新秀深表欽佩。

2. 自知之明，客觀評價自己

一旦萌生嫉妒之心時，要積極主動地調整自己的意識和行動，冷靜地分析自己的想法和行為，同時客觀地評價自己，找出一定的差距和問題。先認清自己，再評價別人，自然能夠有所覺悟。

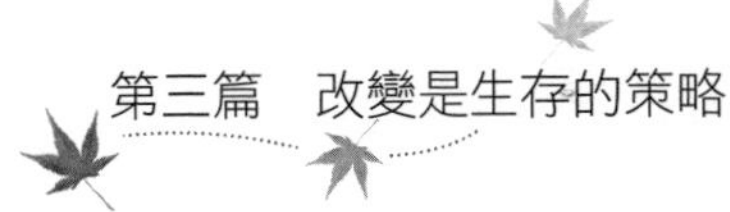

3. 快樂可以治療嫉妒

快樂是治療嫉妒的良藥，意指要善於從生活中尋找快樂。如果一個人總是想：「和別人可能得到的歡樂相比，我那一點快樂算得了什麼呢？」那麼他就會永遠陷於痛苦與嫉妒之中。快樂是一種情緒心理，嫉妒也是一種情緒心理，要讓何種情緒心理佔據主導地位，要靠自己調整。

4. 少一分虛榮就少一分嫉妒心

虛榮心是一種扭曲了的自尊心。自尊心追求的是真實的榮譽，而虛榮心追求的是虛假的榮譽。對於嫉妒者來說，他不願意別人超越自己，就是一種虛榮、一種空虛心理的需要。單純的虛榮心與嫉妒心理相比，比較容易克服。而兩者又緊密相連，所以克服一分虛榮心就少一分嫉妒。

5. 自我抑制，是治療嫉妒心理的苦藥；自我宣洩，是治療嫉妒心理的特效藥

嫉妒心理也是一種痛苦的心理，當還沒有發展到嚴重程度時，用各種感情的宣洩來舒緩一下是有必要的。

在這種發洩僅止處於出氣洩恨階段時，最好能找一個知心友人或親人，痛快地說個夠，暫求心理的平衡，然後由親友適時地開導。雖不能從根本上克服嫉妒心理，卻能中斷這種發洩繼續蔓延下去。另外，唱歌、跳舞、書畫、下棋、旅遊等，也是很好的宣洩管道。

學會淡化別人的嫉妒心理，有利於消除彼此的敵意和隔閡，成為各行各業的佼佼者。

自卑只是消極的感覺，不是真實的障礙

補償心理是個體在適應社會的過程中因不順利，而需要得到補償的一種心理適應機制。從心理學上看，這種補償其實就是一種「轉移」——為克服自己生理上的缺陷或心理上的自卑，而發展其他方面的長處、優勢，以期能趕上或超過他人的一種心理適應機制。

許多成功人士就是應用這種心理機制的作用，讓自卑感成為他們成功的動力。一般來說，「生理缺陷」愈大的人，自卑感就愈強，尋求補償的心理就愈大，成就大業的本錢就愈多。解放黑奴的美國總統林肯，對自己出生微賤、面貌醜陋、言談舉止缺乏風度的缺陷十分敏感，為了補償這些缺陷，他在燭光、燈光、水光前讀書，補強自己知識的貧乏。儘管眼眶越陷越深，但知識的營養卻對他的缺陷做了全面補償。最後，他擺脫了自卑，並成為有傑出貢獻的美國總統。

貝多芬從小就有聽覺障礙，耳朵全聾後還克服困難地寫出了優美的《第九號交響曲》。他的名言：「人啊，你當自助！」成為許多自強不息者的座右銘。

在補償心理的作用下，自卑感具有使人前進的反彈力。由於自卑，人們會意識到自己的不足，督促自己努力學習別人的長處，彌補自己的不足，從而磨練其性格，而堅強的性格正是獲取成功的心理基礎。

自卑能促使人走向成功。人道主義者威特．波庫指出，在每個人的內心深處都有一種靈性，憑藉此一靈性，人們得以完成許多豐功偉業。這種靈性是潛藏於每個人內心深處的一股力量——維持個性，對抗外來侵犯的力量。它就是人的「尊嚴」和「人格」。

人們為了維護自己的尊嚴和人格，就要求自己克服自卑，戰勝自我。因此，令人難堪的種種因素往往可以成為發展自我的跳板。一個人的真正價值取決於能否跳脫自我設置的陷阱。真正能夠解救我們的，只有我們自己。所謂「天助自助者」。

強者不是天生的，強者並非沒有軟弱的時候，強者之所以成為強者，在於其善於戰勝自己的軟弱。

一代球王貝利初到巴西最有名氣的桑托斯足球隊時，因害怕那些大球星瞧不起自己，竟緊張得一夜未眠。後來他設法在球場上忘掉自我，專注踢球，保持泰然自若的心態，從此便以銳不可當之勢，踢進一千多個球。球王貝利戰勝自卑的過程告訴我們，不要懷疑、貶低自己，只要勇往直前，付諸行動，就一定能走向成功。因此，不甘自卑，發憤圖強，積極補償，是醫治自卑的良藥。

要克服恐懼，戰勝自卑，不能只是空想，必須付諸行動。最快、最有效的方法，就是去做自己害怕的事，直到成功為止。具體方法如下：

1. 突顯自己，挑前排的位子坐

在各種聚會或課堂上，後面的座位總是先被人坐滿，多數坐後排座位的人都希望自己不要太顯眼。因為他們缺乏自信心，怕受人注目。

坐在前面能建立信心。因為要敢為人先，敢在人前，敢將自己置於眾目睽睽之下，必須有足夠的勇氣和膽量。久而久之，這種行為成了習慣，自卑也會在潛移默化中變成自信。另外，坐在顯眼的位置，就會加深自己在長官或老師心中的分量，發揮突顯自己的作用。從現在開始，盡量往前坐吧！雖然坐前面會比較顯眼，但要記住，有關成功的一切都是顯眼的。

2. 睜大眼睛，正視別人

眼睛是靈魂之窗，一個人的眼神可以反映出性格，透露情感，傳遞微妙的資訊。不敢正視別人，意味著自卑、膽怯、恐懼；躲避別人的眼神，則會反射出陰暗、不坦蕩的心態。正視別人等於告訴對方：「我是誠實、光明正大的，我非常尊重、喜歡你。」因此，正視別人，是積極心態的反映、自信的象徵，更是個人魅力的展示。

3. 昂首挺胸，快步行走

許多心理學家指出，人們行走的姿勢、步伐與其心理狀態有一定關係。懶散的姿勢、緩慢的步伐是情緒低落的表現。仔細觀察就會發現，身體的動作是心靈活動的結果。那些遭受打擊、被排斥的人，走起路來總是拖拖拉拉，缺乏自信。倘若能改變行走的姿勢與速度，將有助於心境的調整。將走路速度加快，就彷彿告訴整個世界：「我要到一個重要的地方，去做很重要的事情。」步伐輕快敏捷，抬首挺胸，會給人帶來明朗的心境，使自卑逃遁，湧現自信。

4. 練習當眾發言

面對大庭廣眾講話，需要極大的勇氣和膽量，這是培養和鍛鍊自信的重要途徑。在我們周圍，有很多思路敏捷、天資高的人，就是因為缺乏信心，而無法發揮他們的長處參與討論。

在公眾場合，沉默寡言的人都認為「我的意見可能沒有價值，如果說出來，別人可能會覺得很愚蠢，我最好什麼也別說。而且，其他人可能都比我懂得多，我不想讓他們知道我是這麼無知」，這些人常常會對自己許下渺茫的諾言：「等下一次再發言。」可是，他們很清楚自己是無法實現這個諾言的。每次的沉默寡言，都是自信的再次喪失，久而久之，就難以從自卑中自拔。

只要盡量發言，就會增加信心。不論是參加什麼性質的會議，每次都要主動發言。有許多原本木訥或者口吃的人，都是透過練習當眾發言而變得充滿自信，如蕭伯納、田中角榮、德謨斯梯尼（Demosthenes）等。

5. 學會微笑

大部分人都知道微笑能帶來自信，但是仍有許多人不相信，因為在他們恐懼時，從不試著笑一下。

真正的笑不但能治癒自己的不良情緒，還能立刻化解別人的敵對情緒。如果你真誠地向每個人展顏微笑，他就會對你產生好感，這種好感足以使你充滿自信。正如一首詩所說：「微笑是疲倦者的休息、沮喪者的白天、悲傷者的陽光，更是大自然的最佳營養。」

學會宣洩焦慮

如果我們對事情沒有雀躍興奮之情，生活會非常沉悶。性、飲食、運動、競爭或任何享樂活動所引起的激情，都將變成生活的壓力。當一個人對新的發現感到興奮，或者對任何事情的感覺都很強烈時——無論這感覺是恐懼、生氣或愉快——都會感受到壓力的存在。不過，壓力會促使我們採取行動，追求更高的成就及快樂。實際上，壓力不僅是生活中應該有的，而且也是必要的。所以，我們不應該除去壓力，應該學習控制憂慮。

不論貧富強弱，任何人的生活中都充滿了不確定性。在沒有陷入憂慮之前，最好先問自己三個問題。

1. 憂慮會使疾病消失嗎？

2. 憂慮能節省金錢嗎？

3. 憂慮能避免災禍嗎？

憂慮會侵蝕你的健康、增加不幸事件發生的可能性，加速你走入絕境，更可能使你停止對問題採取建設性的行動。因此，憂慮可以說是一種自我破壞的行動。而建設性行動的激勵或壓力能增進健康，提高你工作時的警覺性，使你成為敏銳而稱職的職員。

「對未來感到恐懼而註定失敗；冒險向前，勇敢地面對生活中不確定的事情，並且享受眼前的生活」的決定權在自己。

適應力好的人能接受激情的波濤，並能消除憂慮使身體恢復平衡。不能藉自然規律除去憂慮的人，容易求助於藥物或酒精，得到暫時的解脫，但是藥物或酒精會對人的身體造成危害，也不能幫助你解決生活中的任何問題。

工作和責任使我們不斷地面對壓力，加上一些日常的例行事務——如開車、購物以及和政府機關或私人公司打交道——都會造成人的苦惱和心理上的痛苦。當我們和別人一起生活或相處時，總會發生衝突、誤解，使我們產生苦腦的情緒。通常只有在社會允許的有限情境裡才能直接表達這種感覺，如接受心理治療。但我們不可能一有問題就接受心理治療。因此，我們必須學習如何以社會許可的方式來表達日常生活中累積的苦惱。如果我們能善用機智、幽默和諷刺的眼光來看待生活中的問題，就可以達到這個目的。

生活的義務是要對生活的責任抱著理性和嚴肅的態度，但我們必須定期從這義務中放鬆自己，讓我們從嚴肅的責任中得到休息。這就是必要的發洩。

至於失落感，則是非常主觀的經驗，憂傷的程度決定於對失去事物投資多少心血而定。最令人痛心的莫過於失去心愛的人，但也有些人會對失去金錢或財物痛不欲生。

失落感造成的憂慮和前面討論過的憂慮不盡相同。失落的憂慮是因為悲傷，而不是因為罪惡感和自責。因此，對於深受失落之害的你，重要的是認清真正的悲哀然後去面對它。不要逃避，也不要強壓在心裡。當一個人遭遇到心愛的人突然死亡，心理上會產生極大的震撼與極深的悲傷。他的最初反應往往是震撼與否認，如

「我知道死亡免不了，但我仍無法接受摯愛的人就此消逝。」、「我的愛沒有止境，我的愛人怎能就此離我而去。」等。

不要否認痛苦，如果你覺得自己受不了傷害就承認它。因為失落而悲傷是正常的，是能為社會接受的，而且，這也證明你有活力，對生活有正常的反應。如果想哭，就盡情地哭，哭泣會沖淡悲哀，幫助心情復原。如果我們總是在別人面前掩飾自己的悲傷，結果將與自己的感情脫節。在美國社會裡，向來鼓勵人們有淚不輕彈，其實這是一種不健康的自我壓抑。我們應該了解，哭泣並不代表軟弱，而是一種發洩，強制自己壓制悲傷，結果往往適得其反。

還有，盡量忘掉那些使你不快、使你痛苦的事情。要知道，生活是全方位的，有黑暗的一面，也有光明的一面。既然如此，何不想辦法從黑暗中走出來，用自己的全部身心來迎接並擁抱光明？

克服抑鬱心理

所謂抑鬱就是感覺生活無望，對任何事情都不感興趣，覺得活在世上很痛苦。

許多人長期患有這種輕微症狀而不自知。例如，我們剛開始做某些事情時，一定是興致勃勃，但沒多久這股熱情就消失了，最簡單的事情也會覺得煩雜不堪，毫無意義。因此，桌上堆滿了未回覆的信，一度能為我們帶來快樂的東西也變得索然無味，如夫妻間的性生活、友誼、成就感，或者去鄉村度假等。那些看起來非常明朗、快樂的人似乎都離我們非常遙遠，而且顯得幼稚，甚至奸詐。

這時我們可感覺到一切行為都慢了下來，語言無味，反應遲鈍，任何事情都不值得努力，只想遠離它們。

其實你早已罷手不幹了，因為抑鬱的本質就是沒有朝氣、壓抑自己。因為你認為自己的努力只是白費力氣，所以你愈壓抑自己，就愈相信自己的付出是徒勞無功。

「退縮」是抑鬱患者最大的特徵。除了身體機能有毛病的個案外，長期的抑鬱均是由日常行為造成的。

治療抑鬱的方法與改掉習慣一樣，因為抑鬱是經由習慣養成的，只要不做某個習慣做的事，就能改掉這個習慣。同樣的，消除抑鬱心理的方法，就是不要克制自己的活動，而是刻意去找事情做。

抑鬱患者常愛問：「為什麼要做那些事呢？」每次你有了麻煩而自問這個問題時，可以這樣想：「事情一定會有轉機，有些理想是值得我們去追尋的，那件事值得我們去努力。」如果你放棄不做，容易變得悲觀、不開朗（尤其是不再去做對你很重要的事時）。假設你考試考得很差，不再做任何努力，你很快就會陷入灰暗的心境，那就是抑鬱的症狀。不再前進，不再發展潛能，最後就絕望了。

不要預先肯定自己無法改變抑鬱心理，要是你這樣想，就真的改不了。事實上，抑鬱症患者自己就能治癒自己。因為抑鬱是種習慣，而習慣是可以改掉的。

我們先來看三種不同的抑鬱心理。

第一種是「瞬間產生的抑鬱」。以前事情似乎都正常，但突然間卻有了變化。例如你說話時不小心得罪客戶，對自己失望極了，以為這件事情再也沒有商量的餘地。

又如，你與朋友發生爭執，想像他再也不理你了，雖然你以前也曾跟他吵得更厲害，但總覺得這次再也無法挽救了。於是你對每件事都覺得絕望，抑鬱也就開始了。

第二種是「反應某件事的抑鬱」，亦即你對生活中某種嚴重的打擊顯現出的長期反應。你會覺得發生不幸以前的生命是那麼美好，但從今以後再也令你快樂不起來了。

我們也可以把這種抑鬱稱為「帶有創傷的抑鬱」，因為其來自某個改變我們規律生活的不幸事件。

第三種是「周期性的抑鬱」，亦即抑鬱的情緒會在某個時期出現，然後又消失。有時你還可以看出它的規則性——例如它總是在耶誕節時、過年或每逢生日時出現；對某些女人來說，她們的生理周期會特別明顯，有些人則在某個季節會有抑鬱的情緒，但也有人根本無法預期它什麼時候會來。

下面將分別列舉不同的方法克服前面提到的三種抑鬱心理，然後再歸納成一套策略來對付你自己造成的抑鬱。

患有「瞬間產生抑鬱」心理的人，首先反問自己，那件使自己消沉的事到底發生多久了？即使是只有兩小時，你還是會容易陷於抑鬱之中。只要了解這個事實，下次再遇到這類問題時，就不會再做會令你陷入抑鬱心境的事情。因為幾乎所有非生理機能造成的長期抑鬱都因不斷地做某些事而引起。

第二個對付「瞬間產生的抑鬱」的方法是，記下最後五次事情發生的情形，看看它們有何相同之處。例如，你說了什麼、做了什麼，或是別人做了什麼的那些事件對你有何不幸的影響？掌握你對突來的禍害採取何種反應，那麼以後類似的事件再發生時，你就知道該怎麼去應付了。

同時要注意你周圍有抑鬱症的人，注意你對他們的態度如何。如果你喜歡他們，自然就能知道他們的想法，但千萬不要與他們過分親暱。

你要告訴這些人，說他們只看到事情不樂觀的一面，至少你在內心裡對他們要存有這種想法，認清他們對事情只下可悲的結論，這樣你才能看到事情的另一面。如果對方是你深愛的人，你要勸告他為了自己的幸福，也為了你的幸福，應該走出抑鬱的心境。你甚至可以要求對方別總是提那些令人厭煩的事，或是說無聊的笑話。

克服第二種「帶有創傷的抑鬱」的方法，就是不要背棄悲傷事件發生前的整個生活方式。這裡有個例子，小賀自從太太死後，便不再參加他以前喜歡的各種活動，不跟老朋友會面，不去從前經常去的地方，也不理會各種社交應酬，而且經常不修邊幅，說話有氣無力，根本不在乎別人聽不聽得到，更認為自己的話已無關緊要了。他之所以會有這些舉止，無非是認為世上沒什麼事值得他在乎。有了這種想法，他的行為變得愈來愈消極。

深陷於帶有「創傷的抑鬱」的人應該自問：「我目前的行為是否出自於為了要對過去忠誠？」在你強迫自己去做新奇而感到愉快的事時，或許你會想到那些事似乎不該做，會對往事不忠。就像小賀強烈地認為既然太太死了，他就不能再享受快樂的生活，他一方面想要再加入自己喜歡的活動，但又因其太太的死亡而猶豫不前。

如果你跟他的想法一樣，那麼就問問自己這種想法是否合理，別人是否希望你過那樣的生活嗎？如果小賀的太太知道他變得如此頹廢，她會作何感想？埋葬活人的生活並不算對死者表示尊敬。或許你會說他是基於內心的不安，但要先知道兩件事情，如果他的行為是為了避免不安，對誰都沒有好處（對死者又有何補償），而一再地基於那種動機表現出的行為更會令你一輩子都有罪惡感。

造成創傷性的抑鬱還有其他原因。例如，你會自問：「我的行為是否合乎我的基本道德信條？」如你明知某種產品有害，卻故意裝做不知道將它賣出，一旦東西賣出後，你只要想到這件事，內心便開始衝突，開始產生抑鬱感，認為或許該賣別的東西。

要避免「周期性的抑鬱」，就要認清抑鬱來臨前的症狀，並提早做準備。先弄清楚你到底什麼時候會陷入這種情緒（最好在日曆上標明），這樣一來，即使你的抑鬱是包含生理因素，也會因為你事先知道它大概在何時會出現，而採取必要且正確的措施，防止抑鬱擴散、加深。

有個人就發現大約在抑鬱發作的前一天，他就無法控制時間，常常會呆坐而無法專心工作，於是他就利用這些症狀警告自己不要因此而退避人群、取消約會或放棄發表意見的機會等，並強迫自己隔天仍照常工作。由於他能看清那些有警告作用的早期徵兆，才能大幅減少抑鬱帶來的困擾。

陷入抑鬱時，不妨記下只有在情緒低潮時才做的事——即使是小事也要列入行程表中。例如，你不與人打招呼，不參加宴會，整天沉迷於小說，無心工作，甚至於整天都蓬頭垢面。這些雖然都是微不足道的行為，但並非沒有害處，因為一個人退縮而不奮進，就會陷入所謂的抑鬱之中。

如果周期性的抑鬱發生在某個特殊的節日時，就先弄清楚你對那個節日的聯想，是否這個節日使你想起了多年前盛大的宴會，而今你卻孤孤單單，所以每當這個日子要來臨時，你就不禁產生孤寂感。

一般人在此種情況下通常會採取寧可獨處，不願參加慶祝節日的宴會的方式，但是這樣反而會更覺得寂寞。所以，有周期性抑鬱的人應該認清早期的徵兆，或算出哪一天會發生，然後專注於後來所做的一切活動，才能減輕抑鬱的心情。

下列十二種方法可以克服各種抑鬱，對於想避免再次陷入抑鬱中，或是已陷入而想跳脫者，都極其有效。以這種方式生活，將使你變得樂觀、朝氣蓬勃，並充滿信心。

1. 盡量過規律的生活

準時出席約會，有信件就要回覆，收支平衡，三餐正常，不管是否有睡意，最好在固定時間上床。生活盡量簡化，盡量完全發揮你的能力，盡力做好每件事，這樣你才會有成就感，才會更相信自己有足夠的能力。

2. 時時注意儀表

盡量讓自己外表看來整潔，穿漂亮的衣服，把房間打掃乾淨。雖然這些看來微不足道，卻能表現出一個人對重要的事情是關心或毫不在乎。因為在心情抑鬱時，會覺得自己無能力料理自己的事務，或無法發揮最大的能力。所以，只要經濟許可，不妨買幾件喜歡的衣服來穿，外表美觀會讓你覺得有一些事情是值得你關心的。

3. 抑鬱時，別放棄自己要做的事

如果你現在覺得悶悶不樂，不想上學或罷手不再嘗試寫作。記住，千萬要強迫自己持之以恆。

不要壓抑強烈的情緒，尤其是憤怒時更要發洩出來。例如，你為了請你的朋友來家裡聚餐，花了好長時間買菜、做飯，結果到最後一分鐘，他才告訴你不能來，這時你就要把心中的惱怒向他說出，別不好意思說「沒什麼關係」。讓自己忍受別人對你的苛待，會令你覺得你是該受到這種待遇，那麼以後你就真的會經常遇到這種情況。

4. 不要壓抑別人強烈的情緒

有兩個朋友在吵架，你別去勸阻。當你聽到有人對你的朋友或對你的長輩怒罵而令你頗覺不安時，要去保護被罵的一方，而不是使他們變得像你一樣的平靜，你必須使自己有強烈的感覺，並能憑感覺去行事。

5. 接受一切你可能做得到的挑戰

每天學習新的知識，不斷地充實自己，讓自己覺得未來還有許多事要學，以及生命中最美好的事並未了結。

老實地自問——哪些是你能做的，哪些是你做不來的。即使別人會原諒你，但如果你認為只要努力去嘗試便能做得好的事，就應該接受，不要逃避。

6. 在特定的時間內停止抱怨

先試一天，再試一星期。停止發牢騷之後，你就會發現抱怨是使人感到消沉的重要因素，因為只抱怨而不做事，反而會覺得生活裡再也沒什麼事好做。

7. 即使是小事，對待別人也要講道義

抑鬱的人經常認為自己如何對待別人無關緊要，所以當別人給予幫助時，會忘了道謝，卻仍期盼得到特殊的待遇。那些行為使他脫離了人際間「供需」的正常交易行為，也讓人變得更加消沉。

8. 以不同的方式對待不同的人

抑鬱的人經常從一開始就以相同的態度對待每個人，覺得沒有任何人或任何事情值得重視。因此，下次要是有朋友誠心誠意地打電話給你，你要是有好消息也要告訴他；或是一反以前的行為，把你的快樂與你真正喜歡的人分享。如果你對自己的朋友有所回報，你也會相信友誼的確是可以增進的。

如果你喜歡小動物，那就去養一隻，好好照顧牠。不管是養貓、養狗或其他小動物，牠們都曾為千千萬萬的人肯定其生活的意義。

9. 不要老覺得別人比你好，否則容易更消沉

不要拿自己的生活與別人相比。不管別人過得多好都無所謂，你的感覺如何才是最重要的。喜歡拿自己與別人做比較的人通常表示已陷入抑鬱之境。

避免與周遭不如自己的人比較，例如工作、財富、婚姻，這樣容易使你滿足現狀，不想再求發展，而求發展才是唯一克服抑鬱的好方法。

10. 實現自己的願望

如果你發現自己有個小小的欲望，如想找份兼差、想參加合唱團或去旅行，趕快告訴別人，然後計畫行事，讓自己投身到某件事情中。

注意生命中美好的時光——尤其是不期而來的片刻。例如，你與一位老友不期而遇，與他共度短短幾分鐘快樂時光。想想你為什麼喜歡跟他見面？你還能遇到他嗎？要盡量去享受每個你能想到的快樂！

嘗試以前從沒做過的事。例如，勉強自己與以前根本不曾說過話的人交談。

11. 試著與充滿精力及希望的人在一起

不要再犯抑鬱時常犯的錯誤，把自己藏在跟你一樣消沉的人群中。要盡可能去接觸那些生氣蓬勃的人。

當然，剛開始時會有點難，在你抑鬱時，你可能會覺得那些人太難接近了，甚至覺得他們不夠安靜，他們忙著發表意見，大談未來，不但看見別人的缺點，也發現到別人的好處，替自己發掘各種各樣的興趣等。雖然他們的充沛精力常令你難堪，但與他們交談確實較有挑戰性，也比較有趣，所以只要他們願意和你在一起時，無論如何不要退避。而且你會更易看出抑鬱的行為害處有多大，因為他們都這麼積極，一點也不會受你抑鬱心情的影響。

12. 把握令你興奮的稍縱即逝時刻

避免做一再重複的事，尋找能令你充滿熱情及新鮮感的活動或經驗。不要老是說相同的笑話或故事，那是毫無意義的。

以上是如何克服抑鬱的十二種方法。總之，不要畏縮，不要隱藏自己，內心一定要常存著希望才行。只要相信自己有能力做到，就會產生無比的自信，也就會相信自己生命的價值。

4 成功、快樂的處方

一個人只要勇於放下架子和地位，
才能獲得真正的快樂。

Easy Attitude, Easy Life

對照別人，啟發自己

已經適應了公司的文化，對工作也能達到某種程度的熟練時，就不能只看公司的內部，對外界也要積極地探索，才能有遠大的眼光來看世界。

一流的業務人員，除了公司以外，平常也很注意外面的世界，且有相應程度的接觸。因而即使自己周圍的環境發生變化，也有足夠的判斷和應付能力。所以當你進入一個企業後，應先了解公司內部的情況，然後再把眼光放遠，吸收更豐富的知識。

一般人總是在熟悉自己的工作內容後，就安逸地做組織內的一分子，並且一直停留在這種狀況。因此，在不知不覺中就變得墨守成規，毫無活力——這就是退步的開始。如果對公司外的事物有接觸，多少會受到一些新的刺激，可以激勵自己，不致成為毫無活力、懶散的人。所以，與外界接觸無疑是產生活力的泉源。多參加一些外界舉辦的研討會，也可創造一個自我突破的機會。

參與外界舉辦的研討活動，可以接觸到許多新的東西，其性質和公司裡的東西大不相同。公司舉辦的研習會，雖然也能夠滿足部分的向上意念，收到一些效果，可是由於涉及面、水準等方面的限制，很難長久地維持下去。

據調查，公司內部的研習會，常被同事們的連帶關係意識所左右，最初雖然也可以坦誠地交換意見，但日子一久，公司內部上下組織的性質具有關聯性，構想就容易導向同一個方面，單一趨勢很明顯，還往往有口是心非的情況發生。

但是，若為了某個共同的問題，讓其他公司，甚至不同行業中的人聚集在一起，舉辦一項研討會，共同探索，那麼所獲得的知識則會完全改變，這個研討會將充滿魅力，也可結交一些新朋友。

凡是積極參加研習會的人，多半具有力求上進的決心，並期待受到啟發。和這類人接觸，一定會產生不同的感受。在這種機會裡，往往可以發覺他人獨特的優秀個性，使你不由得想模仿學習。在這方面得到的刺激越強烈，對自己的啟發與磨練就越大。為了想迎頭趕上，自己就會更加努力。這就是我們所指的——從橫向著手，穿越縱向組織——這種手段所產生的效果。

換言之，通過橫向的聯繫，加強與其他單位人員的接觸，有利於自我啟發的機會。如果單獨一人孤軍奮戰，就不清楚自己在某階段的進步幅度。但與外界人員接觸，就可以藉著互相比較，發現別人的長處，了解自己的弱點，掌握自己的進步程度。因此，當你尋得有才能的朋友時，無形中就獲得了一種刺激，它鞭策、啟發著自己，這就是強化自身的最佳方法。因此，能夠獲得自我啟發機會的場所，除了公司舉辦的研習會之外，其他性質的研習會也是最理想的場所。

目前舉辦培訓班或研討會的單位很多，礙於時間、能力及腦容量等各種條件的限制，無論哪種集會，我們都只能從中學到一種或兩種知識技術。事前要了解各種集會的性質、重點，然後再慎重選擇要參加的研習會。人如其面各不相同，當然個性也不一樣，而每一種集會也都有其自身的特色。若能參加各種集會，自然能與各種個性的人接觸，以啟發激勵自己。

年輕時絕對不可以故步自封，應多參加集會，這樣才能強化自己的判斷力，對知識的吸收能力、性格的改變能力及工作組織能力都有幫助作用。

總之，如果體力與時間都允許，就要多參加一些培訓班或研討會之類的活動，不但可以讓自己的時間發揮最大的功用，亦能逐漸增強對事物的判斷能力。也許有時這種主動參與和努力，會讓你產生挫折感，不過，在挫折和成功的雙重體驗中，才更容易進步。

當然，在尋找適合自己參與的活動時，要先確立自己的目標。若漫無目地的參加，只會缺少對該活動的熱情，彷彿只是為了集會而集會，這樣非但對自己毫無益處，也辜負了舉辦者的用心。

因此，任何積極的行動都必須有一定的目標配合。只有這樣，對方才能察覺你的熱忱與決心。然而，有時我們也應適度地學習一些與自己工作有關的技巧，或尋找一些有關生活方面的藝術，多方充實自己。

另外，我們也可以從主辦單位那裡獲得一些實際籌辦活動的技巧，例如選擇活動的內容規畫、會議氣氛的掌握或讓大家對會議的結論感到滿意等。想要做到這種完美的結果，需要事前縝密的計畫，這也要依靠與會人員的共同努力和辛勞，才能換得這種成績。同樣的，公司的會議若想達到令人滿意的結果，也須有這種付出。總之，從活動中能夠吸收到的知識是極多的，問題的關鍵在於自身。

只要我們認真地學習和努力，總有一天可以把那些非常優秀的人的知識精華全部吸收過來。等到完成目標，就可以計畫再向橫向跨出一步。因為這時自我啟發的訓練已經有了相當的成果，若維持現狀不再前進，恐怕會產生墨守成規的弊端，所以必須再次尋找新的目標向前邁進。

立體觀察，多方思考

根據蜻蜓眼睛的調查報告，可以發現一些值得注意和深思的現象——若想要活躍於廣闊的社會，也應具有如蜻蜓眼睛般特殊的機能。蜻蜓的眼睛由許多特殊構造的小眼睛集合成蜂巢狀，又稱為複眼。除了複眼以外，還有小型的單純眼睛，稱為單眼。蜻蜓的單眼共有三個。蜻蜓就是利用這些複雜的單眼和複眼，將事物觀察得很全面、清晰。

簡單地說，蜻蜓頭部大部分由眼睛所構成，而組合成複眼的小眼睛數量，據統計是昆蟲類中最多的，約有一萬到二點八萬個。蜻蜓對六尺前的東西看得很清楚，尤其對正在運動的東西，如飛行的小昆蟲，縱使在二十尺，牠也能看得到，而急速飛過去捕食。這在一般昆蟲中卻是極難達到的。

而人的眼睛呢？如果人的視點已經固定，就只能看到眼前的物像，且必須將焦點凝聚在一個中心點上。在移動身體和頭部時，還要不斷變換焦距，否則縱使像蜻蜓般將眼球轉動，但沒有其他的知覺、身體等的協助，仍無法掌握物像、資訊。人的最大優勢在於有近乎完美的頭腦和完善的身體結構及發達的四肢。

那麼，如何使人的一雙眼睛發揮出多雙眼睛的效能呢？這時，就要把握蜻蜓眼睛的整體機能狀況。

想培養出像蜻蜓一樣多雙眼睛，就需要多方面的知識，橫縱交叉，分階段逐步完成。如果只是部分地努力和嘗試，只會發展出不能平衡的眼睛，造成視覺偏差或視覺中的死角，使觀察失誤。所以，複眼思考要以人格的均衡為基礎。若不均衡，不從整體出發，只偏重一個部分，是無法培養出一雙好眼睛。

我們可假設一位具體的蜻蜓型人物，對他做一番深入的分析，如果身邊就有適當的人選，更具實在性；如果沒有，也可通過假設進行推斷。任何事物都有普遍性和特殊性，即使是特殊事物，也具有一定的共通性。凡蜻蜓式人物，他也必定具有普遍的共通性，只有了解到這一點，就能對蜻蜓式人物有初步的認識。

要成為蜻蜓式人物，就需要認識其共通性，並朝著這個方面努力。如此，我們就會產生本來不具備的蜻蜓式人物的特質，維持全體的平衡協調性，同時從容地應對工作和人生了。

將對人與社會的動態觀察得更清楚、更詳細，對自己有更客觀的了解和認識，進而對將來有更從容的安排和設計，這就是所謂的立體觀察。複眼思考也是最佳的思考方式。

在這裡，介紹一位被認為是典範蜻蜓式人物——原田武生（日本川崎重工業輸出船營業部長），他的複眼思考和行動能夠抓住海運大人物的心理，值得借鑑。

另外，像歐納西斯一般的海運大人物，在當時就已發展成在海上叱吒風雲、舉足輕重的大人物也有。但一般說來，海運市場的行情波動極其激烈，危機與興盛幾乎同時降臨，令人難以捉摸。海運行情不景氣時，造船廠工人失業，海運股市暴跌，船價就會跟著下降，可以在此時以低價訂船。等船造成時，海運費上漲，就能趁機大撈一筆。雖然這種做法可以牟取暴利，但相對的穩定性卻極差。這種投機性濃厚的事業，除了需要勇氣和冒險精神，資金甚至政治後台更是必要。

一般而言，造一艘船需要兩、三年，對這兩、三年間的世界經濟變化狀況和海運未來的預測就很重要，可能還是掌握成敗的關鍵。因此，需要具備極強的政治經濟頭腦、判斷力、洞察力，乃至鐵腕手段。由於原田氏所從事的工作和世界經濟景氣變動很有關係，所以他平時就很重視有關國內外的政治、經濟、社會等各方面的情報資訊及動態。

除了保持多方面的警覺性之外，還要綜合各部門情報，預測經濟方面的未來行情，也要把握對切身利益敏感的海運大人物的思想和觀念。要應付這諸多方面，確實要有高超的能力，要對廣泛的事物都能以縝密的思考來衡量，並收集可靠的情報，這樣才能使業務成功，使公司船業避免陷入困境。而原田氏在這方面確實應付有方，這就是令人佩服的地方。

他和船業公司老闆們來往時，不以爭取業務和擴大服務為主，而是重視對方的想法和需求。若自己的企業無法應付，就超越企業工作範圍來和對方協商。在這種頻繁複雜的交易中，日積月累，自然就能找出適合自己要走的道路。

在和國外客戶的交易，他總是將企業可以處理和不能處理的事情分得很清楚。若無法處理，就和老闆們商量，另求他法。如果是價格的問題，他也不輕易推掉或撒手不管，而是讓其他公司來做。除了為企業做事外，有時還幫助其他公司，不論他這樣做是出於民族意識，或是為了開拓人際關係，這種做法客觀上起到了積極作用。

當然，他不是只演獨角戲，而是扮演劇中重要的核心人物，同時注意提拔新人。他的這種作風即使在對外貿易上，始終處在主動的地位，掌握著談判的主導權，對競爭對手應付自如，樹立良好的信譽和權威，為自己的企業開創了極有利的競爭環境。

挪威的福勒特俄爾生是擁有多個跨國公司的著名老闆。他很敬佩日本的原田武生，認為他是位不可多得的人才，因而將自己還在念高中的獨子送到原田武生家住了好幾個月，目的是讓其子在潛移默化中學習原田武生生活、工作、學習等方面的方式。在挪威，將自己的子女送到歐美的名校或家庭去學習，本來是件司空見慣的事，但這位大老闆偏偏將兒子送到日本，而且是在領月薪的原田武生家吃住，足見這是經過深思熟慮後，付出極大勇氣才決定的。

可以想像得到，那位挪威大老闆一定對原田武生的優秀辦事能力非常欣賞，並且希望從中補償自己的不足，所以他就從全面的角度培養自己的後代。

每天都找一個小希望

在這個世界上，有許多事情是我們難以預料的。我們不能控制際遇，卻可以掌握自己；我們無法預知未來，卻可以把握現在；我們不知道生命的長度，卻可以安排眼前的生活；我們左右不了變化無常的天氣，卻可以調整自己的心情。只要活著，就有希望，只要每天給自己一個希望，人生就一定不會失色。

有位醫生以醫術高明享譽醫界，事業蒸蒸日上。不幸的是，就在某一天，他被診斷罹患癌症。這對他不啻當頭棒喝。他曾一度情緒低落，最後他不但接受了這個事實，而且心態也為之一變，變得更寬容、謙和，而且更懂得珍惜所擁有的一切。

在勤奮工作之餘，他沒有放棄與病魔搏鬥。就這樣，他平安度過了好幾個年頭。有人驚訝於他的事蹟，就問他是什麼神奇的力量支撐著他。這位醫生笑盈盈地答道：「是希望。幾乎每天早晨，我都給自己一個希望，希望我能多救一個病人，希望我的笑容能溫暖每個人。」這位醫生不但醫術高明，做人的境界也很高。

每天給自己一個希望，就是給自己一個目標，給自己一點信心。希望是什麼？是引爆生命潛能的導火線，是激發生命激情的催化劑。每天給自己一個希望，我們將活得生機勃勃，激昂澎湃，哪裡還有時間去嘆息、去悲哀，將生命浪費在一些無聊的小事上？生命是有限的，但希望是無限的，只要我們不忘每天給自己一個希望，就一定能夠擁有豐富多彩的人生。

真誠關心弱勢者

在今天這個「體面」流行的社會，大部分人都十分在乎自己的身分和地位，不屑與那些和自己身分不相配的人來往，也不會主動關心比自己「弱」的人，尤其是那些自認為有一定地位的「成功」者，他們就更不會眼光向下看，與那些非主流、非精英的人有所瓜葛。這種人把自己看做「精英人物」，殊不知，最終他們卻未必能成為真正成功的人。

就某種角度而言，精英指的是「人上之人」。在一般人眼中，經過激烈爭鬥之後還能在社會上叱吒風雲的人就是精英；對於中外企業的員工而言，能夠進入一流企業工作的人就是精英。

然而，人在意識到自己的精英地位時，就容易忘記弱勢者的存在。當一個人為了保護自己的地位和既得利益而不惜犧牲弱者時，就表示他開始墮落了。換個方式說，當精英意識浮現時，人就開始變得卑劣。

因此，自己是不是精英並不重要，就廣義而言，精英到處都有；說難聽一點，對貧窮的人而言，有好工作的人個個都是精英。如果因此自認自己高高在上，而不再關心弱者、窮人，這樣的人就只能算是一些卑劣的精英分子。

「墮落」的精英也一樣，當一個人不再關心弱者的時候，他也只不過是個眼高於頂的庸俗之人。

人應當力爭上游，不只是精英，只要是人都應該力爭上游。每個人或多或少都希望能夠揚名立萬，或者得到他人的認同。當一個人的眼光只朝上看的時候，就會忽略周圍的弱者；當一個人不關心其他群體和弱者，只一味地追求自我的成就時，價值觀就會變得狹隘。

當一個人不再關心弱者、不再體諒不同立場的人的時候，他心中所做的一切決斷，就會流於以自我為中心，開始偏袒自己，或者以自己追求的目標為中心，把上司和組織的態度當成自己的絕對指標。

然後又會如何呢？

接著就會開始顛倒是非。換言之，就是為了自身的利益，可以不擇手段，而且做的事即使是錯的，也要把它說成對的，因為這一切都是為了至高無上的「我」的利益。這麼一來就會失去分辨是非的能力。

如果自己的上司說的話全是對的，那麼其他不同的意見就變成錯的。你可別覺得奇怪，事實上真的有人明知上司是錯的，也不敢加以指正，因為上司的好惡足以影響他的升遷與前途。

反過來說，凡是自己討厭的人，他的意見一定是錯的，不管他的意見是多麼合情合理也沒用，反正不認同這個人，就絕不能認同他的意見。

當然，人都免不了會感情用事，有些人看到平日與自己往來的同事在公司會議上提出極好的意見，就會在雞蛋裡挑骨頭，非把對方駁倒不可。像這樣完全以個人的立場與利益來考慮問題，就很容易失去客觀性，也會跟著失去分辨是非的能力。

這樣的人在周圍人的眼中是冷酷、自私自利的，一切的考慮都是為了保護自己的利益。這種人的心中完全沒有是非準則，自然不受歡迎。

那麼，受歡迎的人又是如何呢？

這樣的人並不會拘泥於立場的不同，對就是對、錯就是錯——即使是弱者發出的聲音他也一樣關心，不會因為一己之私而做出錯誤決斷。

關心弱者的人，必定是公正無私、心底開闊的人，他知道弱者有弱者的長處；他還知道，當一個人能夠關心弱者時，別人必然會更加信任、擁戴他。

在這種人眼中，那些精英並非精英，他們只不過是一些心胸狹窄、目光短淺而自以自是的人。

實際上，真正出色的人都不該被精英們的短淺意識所拘束，因為不管是不是精英分子，人的生活層面和眼界都必須放開。以喝酒為例，只要能喝得開心，管它是不是陳年好酒、用什麼杯子裝，根本不重要。只要一個人敢於放下架子和地位，才能獲得真正的快樂。

因此，別忘了關心周圍的弱者。只要體會弱者的立場，了解弱者並非「犧牲品」，並且能適時地體諒、支援弱者就行了。

一個真正懂得關心弱者的人，他的關心是出自道義和慷慨，而不是希望得到回報。然而，不管他抱著怎樣的心理關心別人，遲早會有回報——不一定是現在，而可能是在遙遠的將來；不一定是真正看得見的，而可能是某種令人預料不到的方式；不一定是受到你幫助的那個人，而可能是別的人或事……

下面的故事，是一位外國著名流行音樂主持人的親身經歷。由他自己親口道來，就有一種打動人心的力量。

「二十年前那個雨雪紛飛、北風凜冽的季節，剛剛中學畢業的我，帶著對音樂的狂熱，隻身來到納什維爾，希望成為一名流行音樂節目主持人。

我四處碰壁。一個月下來，身上的錢也差不多快用光了。幸好一位在超級市場工作的朋友，用那些準備扔掉的過期食品偷偷接濟我，我才勉強度日。最後，我只剩下一美元，卻怎麼也捨不得花掉，因為上面有我喜愛的歌手的親筆簽名。

某天早晨，我在停車場留意到一名男子坐在一輛破舊的汽車裡。一連兩天，汽車都停在原地，而那名男子每次看到我都溫和地向我揮揮手。我心裡納悶，這麼大的風雪，他待在那兒幹嘛？

第三天早晨，當我走近那輛汽車時，那名男子把車窗搖下來。我停住腳步，和他攀談起來。交談中，我了解到，他是到這裡應徵的，但因早到了三天，所以無法立即工作。口袋裡又沒錢，只好待在車裡不吃不喝。

他猶豫片刻，然後紅著臉問我是否可以借他一美元買食物，日後再還我。但我也是自身難保。我向他解釋了我的困境，因不忍看到他失望的表情而轉身離去。

就在這時，我想起口袋裡的一美元。思考一會兒，我終於下定決心。走到車前，把錢遞給他。他的兩眼頓時亮了起來，他說：『有人在上面寫滿了字。』他沒有留意到那全是親筆簽名。

那一天，我盡量不去想這珍貴的一美元。沒想到，時來運轉，就在第二天，一家電台通知我去錄節目，薪水五百美元。從那以後，我一炮而紅，成為正式節目主持人，再不用為生活發愁。

後來，我再沒見過那輛汽車和那名男子。有時候，我在想他到底是乞丐，還是上天派來的使者。但有一點是清楚的，這是我人生碰到的一次重要的考試——我通過了。」

實際上，一個人在一生中可能常常會碰上這樣的考試。問題是，當這樣不起眼的事出現在真實的生活中時，有多少人能通過這樣的考試呢？那些眼光總是高高向上、對弱者唯恐避之不及的人也許很難意識到，當你拒絕幫助弱者時，也失去了更加寶貴的東西——那種真正可以征服他人，贏得尊敬和信任以及支持的崇高品格。

熱情就快樂，別管他人的臉色

生活中應該多點熱情。

美國文學家R・W・愛默生曾寫道：「人要是沒有熱情就做不成大事業。」大詩人S・烏爾曼也說過：「年年歲歲只在你的額上留下皺紋，但你在生活中如果缺少熱情，你的心靈就將佈滿皺紋了。」

著名大提琴家P・卡薩爾斯九十高齡時，還是每天堅持練琴四至五小時，當樂聲不斷地從他指間流出時，他彎曲的雙肩又變得挺直了，他疲乏的雙眼又充滿了歡樂。美國堪薩斯州威爾斯維爾的E・萊頓直至六十八歲才開始學習繪畫。她對繪畫表現出極大熱情，並在這方面獲得驚人的成就，同時也結束了折磨過她至少有三十餘年的苦難歷程。

人有了熱情，就能把額外的工作視做機遇，就能把陌生人變成朋友，就能真誠

地寬容別人，就能愛上自己的工作。不論他擁有多少頭銜，或有多少權利和報酬。人一旦有了熱情，就能充分利用餘暇來完成自己的興趣愛好，如一位上司可能成為出色的畫家，一個普通職員也可成為一名優秀的手工藝者。

人們有了熱情，就會變得心胸寬廣，拋棄怨恨，生活就會變得輕鬆愉快，甚至忘記病痛，心靈上的陰影也會消失。

而所謂「臉色」，其實就是內在情緒的外在表現。無論你的老師、同學、父母、親友、鄰居，每人每天都要經歷許多事，這當中，不僅要動腦動手動身，還要動容。隨著各種事的性質及經歷的酸甜苦辣，人的表情上會有喜怒哀樂的表現。對此，無論你看不看得到，別家的臉色依然是別人的臉色，就像你不能決定別人的呼吸一樣。

別人的臉色，多是別人的情緒外在，並非與你有什麼關係。阿嘉今天一臉不高興，那是因為他與父母在嘔氣，與你走路的姿勢根本沒有關係。但你覺得對方的臉色不對，就會覺得是自己的關係，但是對方根本就沒有注意到你，你豈不是在自尋煩惱嗎？

有時有些人的臉色，可能確實與你有關，但你也不必為此驚慌失措。可以這樣對自己說：「你有不高興的時候，我也有不快樂的時候；你能給我臉色，我也有臉色，人人都是平等的。」這樣一來，你就把自己完全擺在與對方人格平等、身分平等、心理平等的位置上。於是，你便可鎮定情緒，理智地思考和行動。

如果對方所給的臉色確實是自己言行失當所致，那就主動改正；如果對方的臉色部分有理，那就部分改正；如果對方毫無道理地給人臉色，那就應該毫不在意地不予理睬。這種傲然、坦然的人格立場，也是一種恆定的力量，久而久之，給人臉色看的人，也就自覺沒趣，臉色也就悄然隱匿了。

因此，要熱情、要快樂，就不必特別在意別人的臉色。別人的臉色其實是無所謂「有或沒有」。你若有心注意它就有，若無心注意它就沒有。愛看別人臉色的人，必定是一個很自卑的人，總怕自己因為言行不當，被人貶低或否定；也怕惹人不快，或傷害了對方，遭人拒絕和排斥。

因為自己太脆弱，就覺得別人承受力差，進而傷害自己。只有建立起自信，才是不在乎別人臉色最可靠的保證。有自信、有熱情的人，只把心思和精力用於自己該做的正事上，用在自己所追求的目標和嚮往的樂趣中，他就能與人為善，和睦融洽相處，也就不怕出現矛盾，就能坦然面對非議了。這樣的人，永遠是快樂者，成功者。

慷慨行善舉，但不要期望回報

我們幾乎每天都可以在街道上看見此景：

一個髒兮兮的人穿著破舊的衣衫，從暗處走出來，然後伸手向行人要錢：「給我一點錢好嗎？」

結果有三個外表看來都相當富有的人分別給他錢，只是他們的想法各有不同。

第一位湯姆很樂意地拿出一些零錢給乞丐，心想這位叫化子看來並非一無是處，一定是他不走運才會淪落此境。又想到自己的工作也很不保險，也許有一天丟了差事，也會像眼前這位仁兄一樣身無分文，因此這幾個零錢像是一筆相當重要的保險金。有一天他自己或許也會遭厄運襲擊，現在能照顧乞丐也算是保護自己吧！他彷彿可以感覺到有個乞丐會報答他的慷慨解囊。

第二位是尼可，他一見乞丐向他走過來就嚇呆了，一方面他有近視，另一方面聽多了搶劫的報導，所以更加驚慌。他本想拔腿就跑，但卻不由自主地停下來聽乞丐要說什麼，然後心想「要是我不給他錢，他一定會殺我」。於是，他一邊把錢扔在乞丐手中，一邊目視著乞丐，以等待可以離開的暗示。結果乞丐謝完他後就走了，出乎他的意料之外。他慢慢地踱著步，心裡暗自慶幸自己沒有惹上麻煩。

最後一位是保羅，他今天心情特別愉快，而且他一向就喜歡贈與別人東西，於是很高興地就順手給那乞丐一些錢，連看都沒看乞丐一眼就急忙走開了。他滿腦子都在想他被升遷的事及如何去改善辦公室裡的一切。

以上三位是不是都算慷慨呢？其實不然。

湯姆及尼可二人就不能算在內，他們之所以給乞丐錢是為了保護自己，湯姆害怕有一天也會變窮，而尼可認為要是他不給錢的話，乞丐會攻擊他。他相信自己的行為是在對付某種暴力。只有保羅毫無所求，他的舉動才真是大方，他根本就不期望乞丐或整個世界回報他，他的行為除了能使他快樂外，沒有什麼動機。

是否慷慨有什麼關係呢？或許前兩者我們不能稱之為慷慨，但是他們也算助人，但這中間有何區別呢？

當然還是有所不同。湯姆和尼可的行為都傷害到自己了。因為他們引發了一種幾可預見的結果，那就是他們因內心存在著某種恐懼，於是行為就包含這種動機，這樣更加強害怕的心理。湯姆又一次地擔心會因不能勝任工作而失去錢財，而尼可則更加相信每個街道轉角處隨時都會有危險發生。

當然，湯姆與尼可離開乞丐後，暫時可鬆了一口氣，甚至於還會將他們的行為美其名稱為善舉。像一般人一樣，他們會視自己為施予者，而不是懦夫。

其實他們是懦夫，而且長此下去都是，特別是他們再次因害怕而給予別人恩惠時會更表現得淋漓盡致。

我們之中有不少人也都這麼做過。我們每天都在害怕的心理下做決定，或以各種不同的方式付出以保護自己，卻自認是慷慨行為，自以為很仁慈，很有體諒他人之心，如果再這樣下去的話，可能我們一生都會活在害怕之中。

例如，很多百萬富翁對其子女做了沒必要的犧牲，卻還認為賺錢還不夠。他們認為，如果不把孩子送往國外深造，或為他們買昂貴的玩具，請很好的家庭教師，就會被視為不愛孩子，更糟的是怕孩子們日後不會再愛他們了。

另有些夫妻也是千方百計地取悅對方，他們相信若不這麼做，對方馬上會揚長而去。以靜芬為例，她每天下班回家後，還得做出一桌豐富的晚餐，而且不讓她先生幫忙做家務事，她認為這樣做才是個好太太。

懷有恐懼感的施惠者，通常都會這麼告訴自己「我喜歡幫人做事」、「我要使自己成為有用之人」、「我真高興你喜歡我做的東西，我還要再看看有沒有什麼事我能做的」。事實上，他們並非真的很願意那樣做，而是經常帶著不安，想知道自己的行為受到多少重視。這種行為好似永遠都做得不夠，以致於不能消除內心的不安。

有時候某些慷慨的舉動只是一種象徵性的行為罷了。一位母親會衝入玩具店裡購買她小孩想要的玩具，表面上是因為她受不了孩子的哭鬧，其實她的內心卻滿懷罪惡感。由於她想把小孩拋在一旁而自顧自地去做別的事情。買玩具只是為了減輕良心的不安罷了，但反而加深了她須為自己的罪惡做補償的想法。

另外，有些人因心裡害怕而表現在行為上，而且並不只限於特別的情況，整個生活方式都如此，還引以為傲。以傑克為例，他一直認為自己是個仁慈的大好人，講話從來不動火，而且別人有了爭執，他一定會去當和事老。其實，傑克之所以害怕爭吵，原因得追溯到他的童年。每次爸爸媽媽一吵嘴，他就知道下一步一定是大喊大叫或摔東西，非把鄰居吵個雞犬不寧不可。家中和諧的氣氛蕩然無存。事情過後好幾天，他還是心有餘悸。

現在傑克一想到爭吵，彷彿又回到幼年，雖然經過這麼多年了，他還是感到害怕。

有許多行為從表面上看好像是很仁慈，事實上一點也不。就以上的幾個例子來說，仁慈與自我毀滅之間該怎麼區別呢？主要是看動機而定。出自於慷慨動機的行為不但會使自己快樂，而且令你覺得跟受予者非常親近。反之，基於害怕某事而表現的舉動會傷害到自信心，並且使你愈來愈疏遠你本想取悅的人。

同樣的行為在不同的時刻表現出來，其動機可能各異。有一天，你邀請友人吃飯，可能是因為剛好那天發薪水，而對方又能替你製造快樂；另一天做同樣的事時，或許只為了害怕對方不再喜歡你。你做這一切不過是為了滿足你的需要罷了。

剛開始時同一行為可能是基於同一動機，但到最後卻又常變成好幾個動機。曾有篇小說描寫一名已婚婦女好幾年來一直都在星期三這天與情人會面。起初，她對這件事感到非常興奮，仔細地打扮自己，清理座車，拜訪情人的家，把情人送給她的禮物小心收藏，並且不讓別人知道他們之間的事。但是幾年後，她對一切都不再感興趣了，甚至不愛對方，只想肯定自己是否還會惹人憐愛。最先她的戀情還使她覺得自己很年輕，但後來卻只有增加她對年華已逝的恐懼罷了。

因此，你不能光看行為本身而決定有沒有傷害到自己，應該看看行為的動機是什麼。你在為某人做完某件事後，先看看有沒有不舒服的感覺，之後，再去做別的好事。

下次你在行好事前，先想想下面三個問題。

1.你所做的事不管有沒有得到對方誠摯的感激，是不是都會帶給你快樂呢？如果答案是肯定的，表示你的動機是真的想大方地付出一切。反之，你一定是希望得到回報，或許是希望恢復你的自憐心，不過結果是更令人生氣。

2.你的行為是不是使你覺得更接近對方？要是你的行為動機是想增益對方的生活，那麼答案一定是肯定的，但如果你做好事只是怕遭到對方的敵視，那麼答案無疑是否定。

3.在你做了好事過後不久，數小時或數天之內，你覺得自己是更強了，還是更弱了？前面提過一個被乞丐嚇壞了的人——尼可，他起初還在慶幸自己花錢消災，但後來卻比先前要更加焦慮。而真正的大方卻能使人覺得更堅強，因為你有足夠的東西——時間、金錢、才華、愛情——與人分享。即使是遭遇過大不幸的人也能體會這一點，他們對別人慷慨反而使自己獲得力量與希望。那些動機出自害怕的人，雖然行為看來好似給人恩惠，其實是在加深自己的害怕心理。

當你了解自己做了許多好事之後的感覺時，不妨暫停一段時間，如三個禮拜或一個月，在此期間內只幫助自己，其他人一概不管。

當你停止施予恩惠後，或許會對這些年來的行為有一番新的認識，以前你做好事覺得是慷慨之舉——當然對誰都無害——後來你可能會發現那麼做只是站在朋友相助的立場罷了。就像朋友這陣子經濟有問題，一直跟你借錢，而且沒還，你也不想催她。不過你知道，你幫助她並非出於真意，而是不好意思拒絕。這就是危險之處，因為你覺得自己無從選擇。

如果你能跟朋友們講明你急需一段時間不施恩惠給別人，他應該會了解你的處境。你要認清友誼並不是建立在彼此施惠上，要是對方認為你這麼做是自私、不夠朋友，你就得懷疑他有多少同情心了。

你最好告訴他們，你想變換生活方式，並讓自己知道不必藉施恩惠才能交到朋友。如果對方沒有別的目的，那麼他該會了解你的意思。

倘若你的朋友擔心遇到危急事件，你可以告訴他，你會及時伸出援手，除非你認為真的必要。因為有些人就是善於製造緊急事情，想多獲他人的恩惠。

彼此給予恩惠不算是真正的友情，沒有真正的溝通就不會有真正的友情。所謂完美的友誼，是不靠互相施惠的。

對別人慷慨會帶來不少快樂，因為我們都會主動幫助有困難的人。做好事如果只是為了害怕某種事，就得不到這種快樂，只會覺得有壓力或被利用。唯有在不需去幫助別人時伸出援手，才能從善舉中獲益良多。

誇張和自嘲往往是化解問題的良藥

在我們的一生中會遇到許多難題。我們應該客觀地面對它，仔細衡量其重要性和潛在的危險。雖然不能解決問題，但能幫助我們以輕鬆的態度去處理。化解問題需要機智與誇張。

在小鎮劇院表演的劇團，當主角表演跳河時，負責音響的女孩應該在水缸裡製造潑水聲。有一天晚上，這個女孩忘了潑水，主角在舞台上跌了個倒栽蔥，卻沒有潑水聲配合。當時全場肅靜，場面頗為尷尬。但這時主角隨機應變地說：「老天爺，河水已經完全結冰了！」

全場大笑。

運用機智引導人與人之間的互動，可能有兩種不同的效果：一種是能被人接受和了解；另外一種是讓人覺得受到嘲諷。機智的言語可以像把刀，將敵人刺成重傷；也可以像一股和煦的風，帶給人溫情和快意。

能夠與別人「分享笑」的機智，是解決問題的有效工具。嘲笑別人，等於排除我們對他的同情與了解；和別人分享笑，等於用愛和同情心擁抱他們。分享能促進人與人之間的關係；和老朋友共享以往的趣事會縮短彼此之間的距離。

誇張也是表達同情心的方式之一。有一天，蘇蒂又接到好友瑪麗要請她吃晚餐的電話。蘇蒂覺得不妥，因為瑪麗已經請她吃了幾次晚餐，而她一直沒有機會回請。蘇蒂在電話裡輕聲抗議：「這怎麼好意思？我已經欠你四十七頓晚餐了！」瑪麗說：「不止喲，你欠了我五十九頓晚餐，但誰會計較呢？」蘇蒂了解瑪麗的幽默，忍不住笑了出來。於是，她很愉快地接受邀請。瑪麗的妙語比嚴肅地討論好朋友之間如何保持公平要高明得多。

另外，自我解嘲也是一個好辦法。

一家底片生產廠生產的底片在出廠時完全沒問題，但沒多久就褪色了。於是，廠方召集各部門主管開會，研究底片品質不良的原因，會議中，各部門的主管都為

自己部門辯護。

化學研究部主任宣稱，底片在所有正常儲存狀況下品質和性能完全穩定，他覺得可能是底片包裝有問題。包裝部主管則立即反駁，指出整卷底片的褪色程度一致，顯然不是包裝盒的問題。他強調可能是產品管理部在技術處理上有所疏忽。產品管理部則懷疑是零售商對底片儲存處理不當，應該請銷售部調查零售商保存底片的方法。銷售部主管向與會人士保證，零售商都知道如何保存底片及底片有效期限。他認為，底片的化學成分有問題。化學研究部主管又重申前面說過的話，並證明所用的化學藥劑的優良性及穩定性，同時諷刺銷售部主管，如果他了解科學就不會這樣說了。

結果這個會議並沒有具體解決這個問題。後來發現，在分裝底片前，用來隔離底片的紙張有問題。原來供應商改變了紙張的化學成分，造成底片褪色。要察覺這點並不難，但因為開會時每個主管都認為自己講的是事實，只為自己的部門辯護，因而沒有找到問題的癥結所在。

幽默能使人覺得自己不是被攻擊的靶子，從而擴大每個人的眼界，探討更多的可能性，找到解決問題的辦法。在上面的例子中，如果一開始主席就承認自己所知有限，製造大家傾力相助的氣氛，並增進討論的效率，結果將大為不同。當然，會議主席也可以這麼說：「幾年前，我擔任副總經理時認為自己了解這個行業的所有問題。事實證明我錯了，但是已經太遲了。現在，我不能辭職，因為我太愛這份工作了。既然我還想幹下去，請大家幫幫忙，看看底片褪色的原因在哪裡。」

如果你能自我解嘲，將贏得別人的好感與尊敬，同時也能有效地解決問題，讓雙方都快樂。

5 尋找生命中穩健的支撐點

只要正確認識自己，就會調整觀念，對接踵而來的各種處境泰然處之。

Easy Attitude, Easy Life

得到的未必是需要的

升遷幾乎沒有壞處。財富、權力和社會威望是幸福美滿的象徵，不過，一些人依靠他們的能力不斷追求所謂的高層階梯，最後反而作繭自縛。

大部分團體，如企業、軍隊等主要由男人組成。他們創造了一種神話——女人的天賦有限，不適合擔任主管。這種偏見不僅抑制了女人的升遷速度，也讓男人染上各種職業病，如嚴重的神經衰弱、腸胃炎、酒精中毒和胃潰瘍等。

今天，女人得到了平等的待遇，但不幸的是，因為平等，她們也成為上述疾病的犧牲者。

安妮的企圖心很強，而且精力旺盛，她認為男人能做的事她也能做。

她在一家著名的電子公司擔任市場分析助理，這個職位是公司為滿足她爭取平等就業機會的要求而給她的。雖然這個職位相當於一個哈佛畢業生來做文書工作，安妮還是愉快地接受了。對這一任命，安妮游刃有餘，不過做了幾天，她就要求上司准許她共同訪問客戶，出席會議。她堅決的態度，使得經理的名聲隨著這位市場分析助理的囂張而直墜。

安妮在女人被認為應該保持緘默的時候滔滔不絕。她認為男女平等，男人們應該時時意識到她的存在。短短一年，她就準備接替上司的職務，上司也準備讓位給她，其心情似乎比她更急切。

然而，市場部主管對安妮擔任市場分析經理這點沒有任何興趣。他請人告訴安妮，她不能獲得她希望的職務，因為她是一個女人。

如果安妮是男人，事情就簡單得多，因為男人會尊敬主管的權力，他也許會爭辯，但爭辯中會帶著敬意，但安妮卻不是這樣。她拉了一把椅子坐在主管桌前，一隻手臂放在桌上，身子向前傾，直盯著他的眼睛。他窘迫地舉出許多聽似有理的理由，說明為什麼不能讓她當經理。她認真地聽著，然後，用清晰的聲音告訴他：「我知道你必須這樣說，而且，你也應該這樣說。但現在，請告訴我，難道我真的沒有希望得到它嗎？」

後來，她終於如願以償。

安妮當然沒有因此而滿足，她還想再高升。四年後，她得到市場部經理的職位，並且做得很出色。

當安妮獲得她夢寐以求的副總裁職位時，她才發現那已非能力所及，但她不願認輸，只好勉力而為，最後體力終於不勝負荷，臥病在床。

這也許就是現代人應該反省的現象之一。

你是否曾經懷疑，灰姑娘和富有魅力的王子真的從此以後過著幸福快樂的生活嗎？如果是，那麼有個更理性的推測：他們也許是痛苦地生活在一起。

那位可敬的神仙教母，把灰姑娘從貧寒卑微變為高貴富有，使她贏得年輕王子的青睞，但是灰姑娘並沒有永久擁有王子的能力。王子可能不再覺得她有趣，儘管他曾對她著迷。然後，不幸的灰姑娘，在皇宮裡的社交圈並沒有因為她和皇室結婚而擴大，她很快就失去了皇室成員和朋友們對她的關心，陷入了不堪回首的惡夢中。

試想，要是她和一個英俊的年輕樵夫結婚，結果又將怎樣？

因此，可以推斷，憑藉婚姻在社會上往上爬升，不論是有意或無意，也不論是過去和現在，也許都是一種災難。

凱西・考德是一個金髮碧眼、美麗非凡的尤物，她得到一筆現代舞蹈獎學金，到某知名州立大學進修。雖然她出身微賤，但是以美貌當上學校女生聯誼會主席。她對學校裡的橄欖球員賣弄風情，隨後卻發現她從聯誼會的豪門千金們那裡學來的本事還不夠老練。後來，當她遇到學校辯論隊隊長柯達史時，立刻打得火熱，以身相許。

然而，成為柯太太後卻發現，光憑美貌並不能使她那學識豐富、練達世故的丈夫感到滿足。他不再喜歡她幼稚的傻笑，更厭惡她揮霍無度的行為。同樣的，凱西也無法適應柯達史的生活方式，而以勾搭隔壁的花匠為樂。

歐亦爾夫婦過著並不奢侈但很快樂的生活，他們在一幢老式公寓裡住了十多年。後來，歐亦爾太太從法國的姑媽那裡繼承了幾幅名畫，她決定用這些畫來裝飾客廳，以便向鄰居炫耀。但她很快就發現，這些畫和寒酸的家很不相稱。於是，她買了一塊名貴的地毯，並傾其積蓄，買了一套精緻的家具，以襯托地毯和名畫。

不料，昔日交情甚篤的鄰居在拜訪了這個佈置優雅的房子之後，開始感到不安。他們討厭歐亦爾太太的虛榮，不再接受她的邀請。同樣，歐亦爾太太也討厭這些對生活中美好東西沒有鑑賞力的朋友。

她告訴丈夫：「這些鄰居對有教養的人來說，知識程度太低了！」後來他們搬到市中心的一幢豪華公寓裡。這迫使歐亦爾先生須經常加班，否則將入不敷出。結果，他為此精疲力竭，歐亦爾太太也鄙視他，覺得自己當初有沒慎選另一半。她和他離婚，琵琶別抱，和一位藝術家艾培斯再結「良緣」。

不過，艾培斯不久就對她那「高尚的教養」感到厭煩。事實上，她對藝術根本一無所知。他開始虐待她，如同她以前辱罵前夫一樣。艾培斯太太非常悲傷，她從自己創造的階梯爬了上去，卻是從幸福爬到了痛苦。

人們曾經認為，升遷幾乎沒有壞處，財富、權力和社會威望是幸福美滿的象徵，而且成為上流社會的一分子，以及與一個名人結婚是好事。

如今，在世界各地的離婚法庭上，擠滿了無力維持婚姻關係的夫婦，這是紅男綠女們爬上非他們能力所能保持平衡的高層階梯的後果。

改變自己，適應社會

不斷自我調節，就能適應社會。

事業有成的人，大多能夠比別人先察覺外界的變化，順應社會改變，並巧妙地將之轉為商機。商機和成功機會在外界形勢有變化時最容易顯現，所以比別人早一步注意到這種變化且付諸行動者，就是最大的贏家。

蒸汽機、電的發明等等，無一不是根據時代發展、社會需要，經過不斷實驗而取得的。只有跟隨市場變化，企業才能生存；能預見社會市場變化，及時掌握時機，更是一個人走向成功的關鍵。

李嘉誠就是一個不斷順應社會發展變化，進行自我調節而成功的例子。

順應社會，隨時轉變想法，從內容上來劃分，可分為目標、知識結構和情感的調整。

首先，調整目標。根據變化的情況和條件，及時調整自己的具體目標和方向，以求得主觀與客觀的協調。

其次，調整知識結構。根據社會發展變化，不斷調整自己的知識結構。人類知識的總量，每隔七至十年就要翻新。一勞永逸的想法是不切實際的，不管你有多豐富的知識，還是不夠，必須持續吸收新知，「活到老學到老」。

最後，調整情感。調整情感的主要內容在於，主動培養、維護及發展積極的情感。也就是要培養積極樂觀的態度，克制消極的想法，適時轉換負面的情緒，發揮自身的潛力，讓自己在任何情況下都能以最佳的心理狀態做好工作。

另外，從類型上來劃分，可分為常態、順境和逆境的調整。

首先，常態的調整。其關鍵在於戰勝「馬太效應」。所謂「馬太效應」，指的是人才成長過程遇到的社會慣性，即有聲譽的人才所獲得的榮譽越來越多，而潛在人才的勞動成果則難以得到承認。戰勝「馬太效應」的方法是累積優勢。

其次，順境的調整。其關鍵在於避免驕傲自滿、粗心大意、不求上進，保持謙遜、細心、進取。契訶夫說：「對自己不滿是任何真正有才能的人根本特徵之一。」

最後，逆境的調整。其關鍵在於堅定意志，培養信心。文學批評家別林斯基說：「不幸是一所最好的大學。」

在這裡還要強調兩個重點：

一是加強自我預測。要學習、掌握必要的知識，明辨是非標準，重視自我的觀察與自身的行為。接著，預測事情的發展，對自我進行「預防性」控制，避免放「馬後炮」。

二是注意自制的程度，凡事過猶不及。粗心大意，無法解決問題；太過謹慎，容易畏首畏尾。謹小慎微或一味忍讓，都難以達成目標。

時時修正態度，找到適合自己的職業

人生在世，無論是求生存還是謀發展，都必須工作。求職與每個人的人生道路有密切的關係。每個人都希望找到一份好工作，對於社會新鮮人來說，更是重要和急迫。很多人在年輕時，對工作都有憧憬，例如有人想當導演，有人想經商，有人想當明星，有人想進入政界。

如果將人生比喻為一場戲，那麼職場就是其中第二個重要的舞台。你選擇何種職業，確立了你的社會角色，乃至人生角色。能否演好人生這場戲，職業的選擇相當重要。

有一位大學生，大學畢業時放棄進公家機關工作的機會，毅然來到一家廣告公司。五年後，他成為一名出色的廣告企劃，並根據自己的經驗，出了幾本雜誌，令當年進公家機關的同學羨慕不已。問起他當年的選擇時，他很乾脆地說：「因為我知道廣告企劃早晚會變成熱門的行業。」

什麼樣的工作適合自己呢？沒有一定的標準，每個人追求的都不一樣，這和你的人生抱負與期望有密切的關係。首先，能滿足基本生活需要；其次，要能實現人生夢想。你想成為什麼樣的人，那麼，能使你朝著這方面發展的工作，就是適合你的職業。以下是一位大學畢業生暢談自己在職業生涯中如何認識自己、發現自己，調整心態，最終找到適合自己發展的職業的心路歷程。

「大學畢業後，我進入一家大企業工作。人事部長徵求我的意見，想安排適當的職位給我。因為我學的是中文，而公司這類人才早已飽和，幾個能夠選擇的部門，都是不受重視的。沒想到自己竟然會淪落到這種地步，心情跌落谷底。在校時，腦海裡盡是當記者、名作家的夢想，現在卻變成公司可有可無的人，簡直窩囊至極。人事部長見我對幾個『閒缺』不滿意，感到非常不耐煩。最後，我還是選了一個『閒缺』做，然而，『懷才不遇』的孤傲性格，使我常常和上司發生衝突，導致自己四面受敵。

那種寂寞與落魄的日子很不好過，我總是獨坐辦公室，抽著一支又一支的煙，打發苦悶的時光。

那時，我不明白，自己之所以失敗，是因為自視過高，還是太幼稚。我只是埋怨社會對自己不公，把自己折磨得很痛苦。後來，我體會到：人不能把自己看得太高，不能把理想當做現實。從理想的境界跌到現實中，這差距容易使人產生失落感。期望越高，摔得越重。這種失落感會使人鬱鬱寡歡，以至心理產生偏差，如果再以偏差的心理看待人事物，就會使自己陷入惡性循環的尷尬境地。

反之，人受挫折後，容易把自己看得太低。被公司辭退後，我失業了，沒有再找工作，於是開始寫作謀生。等到完全靠稿費生活時，我才體會到這個行業的艱難。微薄的稿費，很難滿足基本開銷。除了寫作，我還會做什麼呢？只會寫作，卻養不起自己。古人有句話說：『百無一用是書生。』我能夠跳出這個窠臼嗎？抽煙、酗酒……，所幸我很快意識到自己的墮落，同時發現墮落的原因是把自己看得太低。人若輕視自己，就容易喪失理想和鬥志。

經歷了自視過高與輕視自己兩個極端後，隨著年齡的增長，我漸漸認清了事實：我就是我，一個在自由撰稿中謀生的我。我必須努力做好目前的事情，既不妄想也不沮喪，並且要時時保持旺盛的鬥志。

現在，我看愛看的書，寫想寫的文章，做喜歡做的事。生活雖然簡單，但很充實，每一天的太陽讓我感覺新鮮，我熱愛每一天的生活。我覺得這種生活其實很不錯！」

一個人只要正確認識自己，就會調整觀念，對接踵而來的各種處境泰然處之，而且知道自己的出路，擺脫迷茫，信心百倍地面對生活。

改變工作態度，化解工作壓力

你是否討厭目前的工作，無法從工作中得到樂趣，工作也毫無創造性可言呢？但你要記住，這並不是老闆或主管的錯。老闆沒有逼你來他的公司上班，主管也沒有強迫你在他的底下做事。當初，是你主動應徵到這裡；或者，是靠關係才好不容易擠進這家公司。你的歷史，是你自己寫成的。

老闆待你很刻薄，主管根本就沒把你當人才來看。那麼，你就炒他們的魷魚好啦！

如果你不想炒他們魷魚，就說明他們可能還沒你說得那麼可怕。需要調整的，應該是你自己的心態。

無論你目前從事什麼工作，無論你是老闆或員工，醫生或護士，律師或秘書，教師或學生，你都要想辦法樂於工作、熱愛工作。那麼，原本厭煩的事，只要心態變了，做起來就會感到愉快。況且，心情愉快的工作，有助於全心投入，而本來你覺得乏味的事情也會變得有趣。這就是工作的本質所在。

為何要熱愛工作？你領人家的薪水，就得替人家把事情做好，這是做人最基本的原則，也是良心與道德的問題。如果你不好好做事，還要從公司領薪水，如果你是老闆，你做何感想？再從自己的角度想一想，如果你想成功，就應該把工作當成自己的事業，負有一種使命感。你可能會說你的志向遠大，想做一番大事業，而不是做這些瑣碎的事情。但如果你連這些瑣碎的事都做不好，怎麼可能成就大事業呢？

很多涉世未深的年輕人都會這麼認為：我辛苦工作，賺錢的卻是老闆。這是正常的，老闆僱用你，就是要你替他工作，如果你不願意，他可以另外找人。老闆不賺錢，你還能賺錢嗎？如果你工作時沒有愛而只有厭惡，那麼你最好離開工作，去寺廟門旁坐下，接受那些快樂工作的人的施捨吧！

偶然遇到一位多年不見的同學，他看起來精神抖擻，與大學時期消極頹廢冷漠的他相比，簡直判若兩人。進入社會工作十多年的他，雖然還沒有取得驚天動地的成績，但在他的領域，可以算是一個成功者。最讓人意外的是，他對人生、工作的那種積極態度。

「一切都緣於一場病！」他說。

以下就是他敘述關於自己的故事。

「大一時，我偶爾看到『認真的工作者最美』這句名言，覺得很可笑：從早到晚不停地工作，有何美麗可言？由此推測，講這種話的人，一定與我們那位嘮叨的教官一樣古板，喜歡說些不中聽的話。

大學畢業後，整天忙著工作，難得的禮拜天，還要整理家務，一年到頭，似乎沒有閒暇的時候。

有一年夏天，身體健壯的我突然患了過敏性疾病，在醫院裡整整躺了三個月，幾乎與死亡擦肩而過。

那三個月我沒有做任何工作，也不能做任何工作，只是躺在醫院的病床上想著這折磨人的疾病。我經常注視著窗外那棵健壯、茂盛的梧桐樹，突然間覺得人的生命竟如此脆弱，原本健康的身體，在疾病與死亡面前顯得如此無助與無奈。

某天傍晚，我從病房的窗口望出去，路上有下班的人匆匆走過。一天工作下來，他們的臉上掛著疲憊，但人群中卻不時傳來笑語喧嘩。

剎時間，我突然嫉妒起那群人，下意識地迸出了那句話：『認真的工作者最美！』

也就是這時候，我突然想起已進入耄耋之年的父親，一年到頭從不見他閒著。我們幾個兒女勸他說，做了一輩子，好不容易退休，也該享享清福了。

一聽這話，沒讀過多少書的老爸便搖搖大手，說：『只要我還能動，就是我的福氣，也是你們做兒女的福氣。』

老爸肯定沒讀過，甚至沒聽過『認真的工作者最美』這句話，可是他那樸實的思想，竟然與這句話不謀而合。

我心想，我們之所以覺得工作煩人、累人，是因為我們還能工作。等到真的不能工作，只能躺在床上時，就知道那句話背後的深意了。

『所以，』這位老同學最後說：『年輕體壯的時候，生病會讓我們學習到要珍惜生命的每一分鐘、每一個工作日。只是那病千萬可別要了命！』」

那場病，對這位同學來說，可能只是偶然，卻改變了他的人生、他對工作的態度。從某種意義上來說，那場生理上的疾病，治療了他心理上的疾病，使他真正認識「工作者是美麗的」這簡單卻又深刻的人生道理。

對我們每個人來說，不需要等到大病一次之後再調整自己對工作的態度。從你工作的那一天開始，就要對自己說：工作是美麗的，生活是美麗的，生命是美麗的。

熱忱是化解壓力的良藥

近年來，經常有很多人抱怨對工作缺乏幹勁和熱情，這種負面的情緒，對任何一個渴望成功的人來說，是一大致命傷。這種情緒多半是工作壓力造成的，是對壓力的一種消極態度。

一個人的工作態度反映你的人生態度，而人生態度則決定你一生的工作成就。一個對工作熱忱、積極的人，無論他目前是在建築工地的工人，或是大企業的老闆，都會認為自己的工作是神聖的天職，並懷抱熱情。對自己的工作熱忱的人，不論遇到多少困難，或者需要多少努力，都會用不急不躁的態度去面對。只要抱持這種態度，一定可以達到你設定的人生的目標。

某家職業介紹所的工作人員曾經說過：「我們分析應徵者是否適合某項工作時，通常會考慮他對工作的態度。認為目前工作很重要的人，特別讓人印象深刻。」

「為什麼呢？道理很簡單，如果他認為現在的工作很重要，那麼他對下個工作也會抱著『我以工作成就為榮』的態度。我們發現，一個人的工作態度與他的工作效率具有密切的關係。」

就像人的儀表一樣，工作態度會反映出內心世界，以及價值取向。

也就是說，如果你認為你怎樣就怎樣，對工作沒有熱情，表現得很消極，那你就不可能在工作上取得任何成就；如果你認為你很不重要、能力不足或一定會失敗，那麼，這些想法註定你會平庸地度過一輩子。反之，如果你認為自己很重要，能力很強，是一流的人才，自己的工作也是不可或缺的，那麼，你很快就會邁向成功之路。人們常說，熱忱是最好的老師。其實，熱忱並不會教給你什麼，但是熱忱卻展現了你的學習態度。在這種態度下，你可以學到許多東西。

學習如此，人生也是如此。所以，曾有人說過這麼一句話：「當一個人的態度明確時，他的各種才能就會發揮最大的效用，產生良好的效果。」

態度不同，結果也不同。一個學習態度正確的學生，他的成績往往會名列前茅。一個態度正確的推銷員，可以打破推銷記錄。當然，正確的態度也可以使你的婚姻美滿，同時在與別人的來往中發揮影響力，使你成為領導人物，進而在各方面都有傑出的表現。

對於工作，我們首先應培養的就是對工作熱忱。很難想像，一個對自己所從事的工作沒有絲毫熱情的人，能在自己的崗位做出一番轟轟烈烈的事業。同樣的，對於自己目前正在做的某件事情沒有熱情的人，更不可能把這件事情做好。因此，一個對工作沒有熱忱的人，永遠不會覺得快樂；相反的，熱愛工作的人就會在工作中獲得快樂。

其實，態度不是什麼高深的東西，只是所謂的「從事這項工作是很了不起的」的那股熱情和幹勁而已。態度在成功的所有因素中是比較容易培養的，因為它所需要的就是熱忱。那麼，如何調整我們熱愛工作的態度呢？不妨從以下幾方面做起：

第一，**深入了解工作中的每個問題**。我們對許多事情、許多問題不熱衷，不表示我們對它不關心，而是我們對此不了解。想要對某件事情熱衷，要先學習更多你目前尚不熱衷的事，了解得越多，越容易培養興趣，一旦有了興趣，你就會對這個工作熱心起來。所以，如果你下次不得不做某件事情時，一定要應用「深入了解」這個原則；發現自己對某件事物不耐煩時，也要想到這個原則。只有進一步了解事物的真相，才能產生興趣，在工作中做出一番成績。

第二，**做任何事情都要有熱忱**。實際生活和工作中，你有沒有興趣，可以從行為表現看出來。例如，我們與人見面，握手時應緊緊握住對方的手，說「很榮幸認識你」，或者「我很高興再見到你」。這種語言以及肢體語言所傳遞出來的訊息，表達了你的真摯和誠懇，並非應付了事。你如果畏畏縮縮、有氣無力地與別人握手，效果可能還不如不握。因為你的這種行為，只會給人一種精神萎靡的不良印象。可以想像，這樣一個人要在工作上做出成績、取得人生的成功，實際上是不可能的。

第三，**在生活和工作中，多散播好消息**。現實生活中，傳遞壞消息的人遠多於傳遞好消息的人，正所謂「好事不出門，壞事傳千里」。但是，散布壞消息的人很難得到朋友的歡心，而且往往一事無成。經常傳遞好消息，反而能夠博得他人的好感。

我們可能曾在不同的場合遇到這樣的情形。某人說：「我有一個好消息要告訴大家。」這時，所有的人就會停下手中的工作，等他說出來。他所說的消息不一定對每個人都那麼好，甚至不重要。重要的是，你除了引起人們注意之外，還可以引起別人對你的好感，認為你是願意和朋友分享快樂的人，進而引起大家的熱情與幹勁。

每天回家時盡量與家人分享好消息，告訴他們今天有哪些好消息，討論一些有趣的、有益的事情，最好把不愉快的事情拋在腦後。

工作中，把好消息告訴同事，多多鼓勵他們，在每一個可能的場合都要誇獎他們，同時把公司中發生的好事告訴他們，分享快樂。

一個人熱愛工作與否，反映出他是否能擔負重大的責任，或者能否成功。

來一個由弱變強的大轉變

把自己最弱的部分轉化為最強的優勢，這點很重要，請牢牢記住這句話。

格蘭恩・卡寧漢從小雙腿就因燒傷無法走路，但是他卻成為奧運史上長跑最快的選手之一。

他的故事告訴我們，一個運動員的成功，八十五％靠的是信心和積極的思想。換句話說，你要堅信自己可以達到目標。他說：「你必須在生理、心理與精神這三個不同的層次上去努力。其中精神層次最能幫助你，我不相信天下有辦不到的事。」

積極的心態能使一個人將自己的弱點轉為最強的優勢。這種轉化的過程有點類似焊接金屬，如果有一片金屬破裂，經過焊接後，反而會比原來的更堅固。這是因為高度熱力使金屬分子結構更為嚴密的緣故。

如何將弱點轉化為優點呢？建議採取下列六個步驟。

1.孤立弱點，將它研究透徹，然後想辦法克服。

2.詳細列出你期望達到的目標。

3.想像自己由弱勢變成強勢的景象。

4.立即開始成為你希望的強人。

5.在你的最弱之處，採取最強的步驟。

6.請求他人的幫助，相信他們會這樣做的。

這套公式是由最具積極心態的人H．C．馬特恩所設計，他本人就是將弱點轉為優勢的最好例子。

卡樂拉曾是一個很消極的人，多年前的一個晚上，他來到長島的一處草地上，計劃在那裡自殺。生命對他已無任何意義可言，生活中已無任何希望。他隨身帶了一瓶毒藥，一口喝盡，躺在那兒等死。

第二天，他睜開眼睛，看到月光皎潔的夜空，十分驚訝。他認為自己已經死了，他想不通為什麼會沒有死。他認為，這是上帝的意思。上帝希望他活下來，因為另有任務給他。當他知道自己仍然活著時，突然有了繼續生存的渴望。他感謝上帝的恩賜，讓他活下去，並且下定決心，一定要活下去，並以幫助他人為己任。

結果，卡樂拉變成一個樂觀、積極的人，他把幫助他人當作自己的使命。

你想克服的弱點是什麼？傷感、失望、恐懼、生氣、沮喪、酗酒，還是女人？無論是什麼，它絕對不能永遠打敗你。記住這個事實，你就可以將最脆弱的部分轉為最強的優勢。

任何人只要願意控制自己的弱點，接受積極的想法，就能把弱點轉為優勢。信仰可以改變人的生活，新思想可以把舊的壞思想排擠出去。只要有意識地改變自己，就能達到目的。「心的變化」指的就是想法的改變。

自我貶低容易使人自卑、自棄。心理學家表示，為什麼許多人會深陷於自卑情緒而感到痛苦呢？人類性格中最常見的弱點之一便是他們「不想要成功」。沿著這條思路發展下去，他們認為成功是一件危險的事，因為要保持成功，必須付出更多的代價。所以，他們故意或者無意地強調自己的弱點，顯示出不如他人的樣子。

每個人的性格中都有優點和弱點。問題在於，你所強調的是自己的優點還是弱點？你靠什麼生存下去？如果著重弱點，你將會愈來愈弱；如果你強調的是優點，你將會愈來愈堅強和有自信。

克服弱點的第一步是學習如何接受自我。我們不能將自己的弱點與自我想像的弱點混為一談。大多數有自卑感的人，總是把注意的焦點放在自己身上，也就是將目光放在弱點上。對不重要的事也以自我為中心來考慮，以為每個人都在注意這些事，其實並不是如此。

有一些人以自己性格上的弱點為焦點，自認為這就是缺點，然後又費盡心機證明「因為這個弱點，所以不能成功」。要解決這個問題，就必須先了解，我們每個人都能成功、快樂和堅強。所以你必須決定，你打算要突出哪一方面，這一決定權在你。一旦你選擇突出自己的長處和優點，自卑感便會消失，一種強而有力的能力便會取代你的缺陷及弱點。

另一種普遍的缺點便是氣餒，介於成功與失敗之間的是氣餒。如果你能多堅持一下，多努力一下，結果可能完全不同。但是氣餒常會使你在快要達到目標時放棄，如果再多堅持一下，便可以獲得成功。

積極心態能使人轉敗為勝，將弱點轉化為力量。使人轉弱為強最有效的方法是，在人生中建立積極的信仰。這種事例不勝枚舉，每天都有越來越多人轉弱為強。

我們討論了許多運用積極思考轉弱為強的事例，我們也注意到憤怒、自卑、氣餒心理的失敗。不論是什麼，這些原則都可以運用到任何弱點上。

事實上，生命可以變得更堅強、更快樂。當我們仔細研讀並應用各項原則後，內心便會有重大的突破。堅強的信仰、深刻的理解和無畏的奉獻，將會為你開啟另一扇人生之門。你不僅會精力充沛，可以應付各種問題，還有足夠的餘力和遠見，對許多人產生創造性的影響。

不會再有失敗，不會再有挫折，不會再有絕望，人生也不會在瞬間變成輕鬆或浮華。人生是真實永恆的，有各種問題存在，以積極的心態去思考、去行動，就不會再被任何難題所控制、阻撓。積極心態具有驚人的效果。

6 避免人為製造的消極局面

做任何事都要勇於負責，不找藉口，才能贏得人氣，對於工作也有極大的助益。

Easy Attitude, Easy Life

改變壞習慣

每個人都有好的、壞的習慣，該如何改掉壞習慣並建立好習慣呢？

信念並非由某一個單一的動作就能產生或維持，須靠經常性的行動去強化。例如，一個常嫉妒的人一定是習慣一再地產生嫉妒心理，而自信的人則經常做深具信心的選擇，加強其自信。只要我們重複做相同的動作，而其動機——不管是嫉妒心、自信心或其他——皆在我們心中被加強了。而你的每個感覺、每種態度或想法，都會被你經常習慣性的選擇保留下來，而且更加強。

日常生活裡經常可以見到這類例子。例如，史東自知害怕別人對他提出批評，於是他找出自己那些逃避批評的行為，然後改掉它。又如，法蘭克了解自己沒有果斷力，就得找出形成這種個性的原因，然後逐步解決。

這是一種解決特殊問題的好方法——先知道情況，然後找出造成這個習慣的行為。不過，我們也可以用相反的辦法：先找出一個已知的習慣，然後利用它來尋求個人的實際狀況。

在你完全了解並運用這個方法之前，要先知道習慣到底是什麼？

習慣是長時間逐漸養成的，是不容易改變的行為、傾向或社會風尚。就個人而言，習慣有很多種，如抽煙、咬指甲、飯前喝杯酒、週末晚上看電視等。而每種習慣都有個共通性：都是自動的、人為的，是你創造了它們，沒有它們，你就活不下去。但睡覺和呼吸不是習慣，是生理上的需要，即使你不去做，它們也不會消失。

如果個人沒有他特有的習慣，就不足以成為人了。事實上，要生活下去就需要有一些習慣。例如，沒人每天會用不同的方式刷牙，而寧願把心思用在更有益的地方，這點也是許多專家公認的習慣的好處。這個習慣可以讓你把頭腦用在其他事情上，你每天早晨起床後，不必再想我今天到底要做什麼以及如何去做。你會循著某個規律的習慣，從一個地方走到另一個地方，如早上起來，吃完早飯，然後去工作。如果你沒有這類習慣的話，你每天都得耗費心力做決定，才能做好一件很簡單的事情。

當然，習慣也有缺點。習慣的形成是有原因的，例如你每週末晚上都會待在家裡看電視，只因你天黑後就不敢外出，那麼你是在加深一個對你有害的習慣。當然，也可能不是這種情況。如果你為了買房子，每天拚命賺錢，那麼一個星期花幾個鐘頭看電視以鬆弛神經，又何嘗不是一種好習慣呢？

但是，我們還是得花點時間探討造成習慣的動機是什麼，就像大部分人說不出我們為什麼總是穿藍色套裝，或去餐館時總是點洋蔥湯。我們不會特別去注意這些事情，因為穿藍色套裝或點洋蔥湯並沒有什麼不對的地方。

或許，我們也有某些自己不喜歡的習慣，一直想把它改掉，現在正是時候。

下面六種習慣都是不好的，建議及早戒除。

1. 對你沒有任何益處的習慣

這種習慣只是浪費你的時間及精力，而且還常給你添麻煩。例如，有個女人講完一句話後，會補一句「你跟得上嗎？」、「你懂我的意思嗎？」，結果有一天她向加油站的男服務生問路，照習慣又補了一句：「你能跟得上嗎？」讓她吃驚的是，那位服務生居然回答：「當然可以呀！小姐，我一下班就可以跟著你了。」

不管你有沒有類似的問題，最好戒掉沒有用的習慣，否則這些習慣只會惹麻煩。

2. 妨礙你做某件事的習慣

例如，你習慣吃過飯後馬上清理餐桌，但這種習慣可能會打斷你與某人的談話。

3. 對身體有害的習慣

如抽煙、暴飲暴食、經常壓抑憤怒的情緒等。

4. 令別人不舒服的習慣

如說話前要先清喉嚨、要別人讚美你、在餐桌上喋喋不休或低聲哼歌，這樣只會使朋友紛紛走避。

5. 令你顯得愚蠢的習慣

我認識一位精神科醫生，他喜歡咬指甲，讓病人反感。他曾停止一、兩個禮拜這種行為，但新指甲長出後，卻又照咬不誤。結果，他的病人每個星期都迫不及待地要看他的指甲長出來沒有。

當然，我不是強迫你要把別人不喜歡的習慣都改掉，特別是那些對你深具重要性的習慣。像這位精神科醫生知道自己並不是特別喜歡咬指甲，也知道那樣會影響他的觀瞻，所以才會決定改掉這個壞習慣。

6. 自己不喜歡的習慣

這種習慣有時會降低你的身價，例如你習慣把別人一再跟你提醒的事忘掉。雖然沒人知道，但卻會令你感到苦惱。因此，不管是什麼習慣，只要是自己不滿意的，就要盡早改掉。

如果你能改掉壞習慣，便會有一番收穫，但是你要怎樣才能改掉壞習慣而得到新的收穫呢？關鍵在於，你是否能夠努力克制自己的行為。事實上，只要成功過一次，接下來就很容易成功。

記住，堅定地戒除壞習慣後，會產生成就感——已擺脫不好的或無用的習慣——並對自己有新的認識。這點可能會導致極富戲劇性的效果。

這裡有個例子。教授理查上課時喜歡做誇大的手勢，學生全都注意到這點。有一次，他看到一群學生在模仿他的動作取笑他，於是他下定決心要改掉這個習慣。

隔天他站在講台上時，不再揮舞他的手臂，但卻有一種覺得自己變得十分渺小的感覺，好像學生都看不到他，事實上他的個子十分高大。

究其原因發現，理查是家中最小的孩子，父母及哥哥們經常忽略他，結果他養成揮動手臂以引起別人注意的習慣。長大後，即使他的個子很高大，仍然改不掉這個習慣。

如今，理查一邊改掉這個習慣，一邊尋找其他讓覺得自己渺小的行為。他除了有揮舞手臂的習慣外，平常都表現得很安靜、謙恭，因為他從小就知道，自己在家裡的地位比不上哥哥。他非常自卑，認為自己的溫和是缺乏自信造成的。

要建立自尊，就先要改掉一些習慣。第二步是找出與其具有相同效果的其他習慣，如避免提及自己失敗之處。理查發現自己揮舞他的手臂的狀況，正視原因後，決定努力克服它。

很多習慣通常具有連鎖效應。奈麗認為自己是被人使喚的工具，這也是因為一連串的行為累積而來的，尤其是她的態度。她的日常生活習慣加深了她沒有主見的缺點，更使她喪失自信心。當然，每種態度都不是因為一個動作而養成的，所以要改變你的態度，就先要修正一連串的習慣性行為。

由此可知，一次改掉數個有相關性的習慣，比一個一個地改掉容易。要從生活裡找到有適當關聯性的習慣並非易事，但只要進行訓練，你也能夠做到。因此，如果有五種習慣是屬於同一性質，最好一次改掉這些習慣，不要只改掉一個。因為只改其一，其他與該習慣有關的態度，易受到其他四個習慣的影響而不易改變。

如果你已盡力克制自己，還是無法戒除壞習慣，那麼你一直在對付的根本就不是習慣，而是一種不可抗拒的衝動。

改變盲目為自己辯解的習慣

關於女性的權利問題，有如下一段評論：「未婚女性最尊貴，最有權利，但結婚以後權利就衰落。生了小孩，連分配紅利的權利都更是大幅減低了。」

以現代的觀點來看，正好相反，結過婚有了小孩的女性，權利變大。

現代社會中為自己辯解的人很多，上至公司下至家庭，不分事情大小，天天都有辯解場面的出現。一般人認為，只要辯解有理，就能得到對方的認同，藉此維護且穩固自己的立場。其實這是一種錯覺。

正為自己辯解的人，看到對方沒有發表意見，靜靜聽我方的分析，就誤以為對方理解、贊同，然後滔滔不絕的說下去。實際上，聽者或許已經很不耐煩，只是考慮到若將這股情緒發洩出來，可能會破壞氣氛，只好強忍著聽下去。如果聽者是個性情暴躁的人，當下可能就會大發脾氣。

即使有再冠冕堂皇的理由，最好還是要改掉喜歡為自己辯解的習慣。當然，在和外國人打交道時，適度地將辯解當作主張的一部分以維護自己權益，是可以接受的。除了這種特殊狀況以外，應該盡量克服這種為自己辯護的作風。

若對方要求我方說明過失的情形，也不能以辯解的方式來說明，應該鄭重道歉，然後將事實說出來。對事情的是非，對方要如何處理，要由對方自行判斷，不必在說明時講出自己的見解，若把我方的見解也講出來，似乎有強迫的感覺，容易變成辯解。

真正懂得為自己著想的人，會顧及別人。若時常要犧牲他人，維護自己，就會流於卑鄙的個人主義者。這種人通常是不正當的業務人員或問題少年。他們會一味地為自己辯解，不知檢討，總是把過失的責任推給旁人，並提出一堆藉口。這樣的結果，並非真正對自己有益，反而會害了自己。

不為自己辯解才有做人的魅力。

想要變得受歡迎，就要好好的磨練、充實自己，少做無謂的爭辯。很多人對主管的指示經常感到不滿。例如主管要求提早備妥工作資料，或是做平常很少接觸的事務時，許多職員通常會立刻辯解，表示自己從來沒有做過類似的工作，不知從何著手，或者是找藉口拒絕如期提出資料。這種遇事就為自己找理由開脫的人，根本是在自掘墳墓，更別說會有什麼前景了。

尤其是把自己的責任歸咎到其他人身上，這種行為更會讓主管對你的能力感到懷疑。如果評估過後，確定無法獨力做完或不能如期完成，應該盡早告知主管，安排其他人協助或延後完成日期，避免發生無法補救的憾事。

總之，到了指定日期仍無法完成主管指派的工作，就表示你辦事效率不高或能力不足，甚至還會延誤其他部門的進度。因此，你應該先坦承自己的過失，以謙卑的態度自我反省，即使主管大發脾氣痛罵你一頓，你也應該誠懇地道歉，並保證以後不再發生這種過失，這才是一個對工作認真負責的人。

無論處於何種場合，都不推卸責任，對任何人而言都是相當嚴峻的考驗。就算心有餘而力不足，就算影響到睡眠時間和品質，只要力爭上游，保持經得起考驗的堅強毅力，藉由實際行動表現出來，最後一定可以擺脫失敗的糾纏。再者，經常推卸責任，會招致周圍人的不滿，影響人際關係，更別說事業會有什麼發展了。總之，做任何事都要勇於負責，不找藉口，這樣不僅能贏得人氣，對於工作也有極大的助益。

從玩樂中培養個人魅力

任何事物都是有規律的，玩樂也有規律可循。這個規律並不是指比賽的規則，而是做人的原則。有些人只注重比賽規則，所以在有了數不盡的玩樂經歷後，情操卻變得更卑下，這或許就是某些職業運動員的悲劇所在。

這裡所說的規矩、原則，指的是做人方面。透過玩樂得到人與人之間互相需要遵守、約定俗成的規矩，也可以說懂得控制自己的欲望，以免互相牽連波及對方，這就是玩樂規矩的基本精神。當你學會了控制自我欲望的技巧時，才可稱為懂得如何玩樂的人。

透過玩樂的行動，可以自然而然培養出做人的風格和特質，增強自己的魅力。所以有人說：「不懂得玩樂的人，就不知人生的樂趣。」實際上，玩樂和人生是緊密相連的。

不懂得玩樂的人，不可能體會人生的真諦、樂趣，甚至不能稱之為真正的人。同樣，若沒有透過某種形勢，把人生的真諦發揮出來，自己就會失去魅力；別人會覺得與這種人交往索然無味，自然與之疏遠，變得越來越孤立。

玩樂就是生活。身為業務員，將來想要有所發展，就要善於玩樂。若被人們認為不懂得玩樂，當然也就無法交到許多朋友。不論是哪一種遊戲，只要對它有興趣，你自然會熟悉玩樂的規則與技巧，無形中展現出獨特的魅力，吸引大家的注意，就像潤滑劑一般，對人際關係大有益處。

玩樂也是人們在生活中形成的對人生獨特看法的結晶，正當的玩樂有益於人的身心健康。不過，要熟悉玩樂的技巧，需具備很強的體力，而且要花時間去磨練。

接受磨練的過程中，所得到的各種體驗，可以增長對人生的看法和智慧。換言之，學習玩樂技巧的過程中，以時間換取磨練的機會。

無論如何，經過玩樂中磨練的洗禮，會使人心胸開闊，情緒放鬆，並可培養出行家的風範。因此，在年輕的時候，磨練自己，提高玩樂的技巧，就能增加做人的魅力。經常利用休息時間參加休閒娛樂，有機會結交一些崇拜的理想人物，同時有益身體健康，可謂一石二鳥。

如果將正當的玩樂視為無聊者的空虛行為，甚至加以鄙視，那麼除了變成玩樂的俘虜或反對者之外，一切都無意義可言。有關玩樂方面，除了必須了解並遵守比賽規則外，人與人之間相互理解與遵守做人的原則，也不容忽視。否則，玩樂的真正含義會蕩然無存。若能成功地協調玩樂內外的關係，一定可體會娛樂的樂趣。

玩樂乃人生的縮影。放眼觀察普遍性的玩樂方式，多數業務人員最喜愛的不外乎喝酒、玩紙牌、打麻將、打高爾夫球等，也許是因為這幾種玩樂簡單易學，所以才獲得大家的鍾愛。不過，也有不少人只懂得這些玩樂一點皮毛，不知精髓所在。

有朋友，就免不了聚餐飲酒的場合。在聚會中，有些人的酒品很差，甚至只是藉酒澆愁，讓人懷疑他們喝酒娛樂的目的是什麼？大家歡快地聚集在一起，吃喝氣氛愉快，談笑風生，增加親切感、認同感，或達成某種共同的協定，才是主要目的。當然有些人是為了沖淡悲傷的心情，喝酒發洩，不過既然是幾個人結夥一起喝酒，總是有值得同歡的事情，諸如與老朋友歡敘、開懷暢飲、舉辦歡送會，或者是為了專門品嚐名酒的味道等，如此歡聚在一起，才會別有情趣。

舉行歡送會時，無論參加者的社會地位多高都無所謂，被歡送者才是聚會的真正主角。宴會應以主角為中心，讓所有參加者都歡快、融洽，這才是舉辦酒宴的最終目的。若在這種場合，大放厥辭，自以為是，只會掃興，破壞氣氛，所以在聚餐的場合，一定要注意自己的言行。放鬆可以，但還是必須遵守基本的禮貌，顧慮眾人的心情。

而有些人會在不自覺的情況下破壞聚會的氣氛，這可能是自己的性格或心理造成的。例如，大夥兒正在盡興喝酒時，偏偏你悶悶不樂，對人不理不睬，似乎在表示你不願意與他們同流合污，使眾人不得其解。這種與眾人不同的孤絕態度，常是破壞氣氛的罪魁禍首。

再者，飲酒過量，容易在不自覺中暴露出人性醜陋的一面。即使賓主盡歡，氣氛和樂，也不能不顧自己的酒量，胡言亂語，這樣不僅破壞個人形象，也會使眾人不歡而散。

另外，打麻將這種遊戲，是觀察一個人個性的好方式；從每個人打麻將的方法和技巧中，可大概了解此人的個性，如性格的剛毅程度、有無膽量、處理問題是否謹慎，以及判斷力和果斷程度。從麻將桌上，不僅能推測對方的人生觀，還可以觀察輸贏後的個人風度。

為了獲得滿足感，必須堅韌地控制急躁的情緒，等待好的時機。有時候為了不吃虧或抓住機會，雖然是小贏也不可放棄。當然更要懂得膽大心細的挑戰要領。當遭遇連連敗北的打擊時，可以從對方的表情和神態中，判斷對方接受刺激的程度與本領，察覺對方形象的好壞。牌品與每個人的修養與個性有極密切的關聯。

至於打高爾夫球，則是一種自我挑戰的考驗。高爾夫球場球洞位置的配置，就像是特別為技術高超的人設計一樣，能順利揮動球桿，讓球一桿入洞，接著再揮第二桿，每桿都安排得很巧妙，使球能平穩地打入洞中。這些高超的技巧都必須經過反覆練習、不斷磨練才能達到。

人的生活和生命也是同樣的道理，必須熟悉玩樂的原則與內容，才能從中獲得樂趣。

人生的意義在於不斷地豐富、拓展自己，尋求自我的真實價值。人的生命的真諦，也在於不斷追求生活中創新的、美好的、愉快的事物。

「工作狂」只是狂人而已

對工作過於熱衷的人，容易被稱為工作狂；而非常喜歡讀書的人，則被稱為讀書狂。很多人對這樣的人總是抱持著敬畏的態度。隨著時代的發展、社會風氣的改變，人們的價值觀也發生了巨大的變化，對這種工作狂的尊敬感開始有所改變，對他們的價值也予以重新評估。

我們反對那些不認清時代背景，一意孤行、僵化的教條主義者，他們最大的問題就在於自我評價標準與社會要求之間具有極大的差距，他們無法適應巨變中的現實社會。社會觀念的改變，是人類集體智慧的結晶，是人們實踐經驗的結果，是以變對變，對固有價值評判標準的深層探索。

多數工作狂或多或少都有神經質和盲目性，最後的結果往往不如人意。他們一輩子拚命工作，損壞了身體和精神的健康，晚年卻不一定能過著美好的生活，違背了人生應有的規律。

以前的社會，注重量的生產，藉著增加工作量、延長勞動時間等來累積財富，卻忽視了人的本性，而且對工作狂給予極高的評價。企業也千方百計尋求這種對工作過度熱心的人，使其成為廉價的「機器人」，泯滅人性。

而有工作狂傾向的人，也被自己的行為蒙蔽，以為這就是社會、歷史賦予的重任，而悲劇恰恰就在於自己的愚昧。他的家庭雖然知道這種人只重視工作，不關心家庭，可是對他也無可奈何。有些工作狂即使犧牲自己的家庭也在所不惜，在他的心中和眼裡只有公司和工作，其他都無所謂，甚至可以付出自己的健康和生命。剝奪這種人的工作，他們就好像無法活下去，任何人都無法扭轉他們那種瘋狂的念頭，只能搖頭嘆息。

以前的社會風氣，就是過於容忍這種狂人，甚至提倡狂人精神，結果使得他們變本加厲，如同得到無窮支援似的，只重視工作，忽略個人的私事，對身邊的人更是視而不見。

被視為狂人的人，通常以自我為中心，逐漸變成固執狂妄的人。這種人和一般人的心態有極大的差異，他盲目、僵化。教條、內心的極度空虛，使他們只能靠瘋狂的工作來發洩。在當今逐漸重視「心態健康」的社會中，這種狂人顯然與社會背道而馳。

人們正漸漸明白自身的價值，理解生活的本質，而且當今企業的生存越來越依賴產品的質量而不是數量。既然企業競爭的重心轉移了，那麼人的重心也應該隨之轉移。

我們應該具備清醒的頭腦和銳利的眼光，確立行動的目標。就算前輩是工作狂，也不必學習他的態度，應以多變的能力應付多變的將來，同時確實掌握自己對工作的態度，並了解自己的性格和本質。

換言之，不要過分依賴和熱衷工作，好像除了工作，人生就沒有其他樂趣了。應該在有目標的生活中，適當地調整工作與生活的關係，這種工作態度，才是目前這個時代需要的。

當然，這並不表示要大家不努力工作而轉尋其他樂趣。生活是唯一的，工作是多樣的，有目的地工作，為了工作而生活，而不是為了生活而工作，這樣才能從工作中享受到人生的樂趣。

熱衷於工作的人，工作時的熱情、幹勁，確實令人敬佩。保有傳統作風的上司，確實特別看重這種人，欣賞其勤勉的態度、奮鬥的精神，認為這才是員工所應具備的特質。熱衷工作的人，熱愛工作並沒有錯，錯在於超過了一定的限度，變得彷彿在自我摧殘，失去了工作本身的意義。

有些人喜歡說自己的工作很忙，豎立一種工作狂的形像。這種常表現自己工作忙碌的人，在工作上通常沒有特殊的表現，只是為忙碌而忙碌，藉此掩飾自卑的心理。也有人對工作不加選擇，只要有工作可做就顯得異常興奮，好像飢不擇食。這種人不是虛張聲勢的自我表現者，就是沒有頭腦的工作狂。

效率、質量是現代企業生存的兩大支柱。真正工作效率高的人，根本不會擺出誇張的姿態來誇耀自己。他們會冷靜地看清工作的實質，選擇適合自己的工作方法，用最經濟的時間、最恰當的時機，完成最大限度的工作量，發揮極高的工作效率。他們不會整天忙得焦頭爛額而一點成果也沒有，他們的成功就在於掌握了工作的全部意義。

據說獅子即使要抓一隻老鼠，也會全力以赴。人不能像獅子一樣，對無關緊要的事情也全力以赴，否則不僅體力吃不消，也會變成工作狂。一個頭腦真正靈活、有辦事能力且富於時代感的人，他知道什麼工作應該優先完成，且須集中全部精力，也知道什麼工作可按計劃完成，不必耗費太多的精力和時間。這才是一個合理分配自己的體力和時間，走向成功的員工。

因此，不能為工作而工作，被工作牽著鼻子走；也不能墨守成規，一味強求工作，要因時因事制宜，適當地安排屬於自己的時間，尋求生活和工作的樂趣。擁有這種想法，才不會變成工作狂，生活和工作也才會有情趣可言。

不要為了面子而不敢說NO

我們在說某些人傻的時候，總說他們誠懇老實、做事守本分、待人熱心，甚至有些糊裡糊塗，對什麼事都容易滿足，好像是個沒有主見的人。

其實，這是一種誤解。這樣的人也有自己明確的處世原則，在這個原則的範圍內，別人即使得罪他，做出不利於他的事，他也不會生氣，反而明白地裝糊塗，讓人覺得他是隨和、開朗的人。

但是，如果別人做的事或對他的要求超出了他的原則範圍，他們就會堅持自己的立場，因為他知道該拒絕的時候就該果斷地拒絕。

身為現代人，確實就該有這樣的決心和毅力。就拿二十多歲的上班族來說，他們並沒有一般人想得那麼單純。生活中、工作上如果遇到問題，有的人會不由自主地背叛自我的信條，做一些不想做的事，勉強自己認識原本就討厭的人。

人應該學習忍耐，但是面臨挑戰自己設定的原則的事情，就要果斷地加以拒絕。總之，不要受到無謂的引誘。

即使暫時會被孤立，暫時會覺得寂寞，又何妨呢？只要你是個有骨氣的人，凡事堅持到底，危機也會變成轉機。

即使面對的是老朋友、男、女朋友或上司，也一樣要堅守原則。即使會因此與男、女朋友分手，會因此遭到上司冷落，該拒絕的就要拒絕。

不過，先決條件是，你必須是個具有明確目標的人。例如在工作方面，要執著、認真，缺乏原則，就像沒有根的浮萍，無法保有原本的自己，甚至被世俗的染缸污染。更嚴重的是，自己將愈來愈不敢面對自我，或者根本沒有自我可言。

企業之所以會開始要求員工自主、自立，也是基於這個道理。真正有戰鬥力的企業，需要的是具有人生目標和原則的員工。在現代的企業中，沒有「堅持」的上班族，就沒有戰鬥力。

實際上，一個真正聰明的人，懂得什麼時候該拒絕，什麼時候不該拒絕。這也是一種維護自己權威的方式——人要是失去自尊，就沒有價值可言。

簡單的說，就是一個人必須要自尊。這裡指的不是因為個人地位、才華而產生高人一等的感覺，而是不願讓自己做丟臉的事。有沒有這個決心，將是一個人墮落或更上層樓的關鍵。

那麼，真正聰明的人該具備什麼自尊呢？就是自己的責任自己擔負，不管是煩惱、困擾，還是面對未來的不安，都要自己扛下來。不要依賴他人，也不要猶豫觀望，只要預先有最壞的打算，就沒什麼好擔心的了。

這種自尊，不妨說是自己對自己立下的誓約，答應自己要做個有膽量、有責任感的人，而且不詭辯，不推卸責任。這並不是一件難事，只要心裡時時想著不能背叛自己做人的立場，全力以赴，就能培養出自尊的我了。

不過，為了自尊而拒絕他人要求需要技巧，避免一口回絕或不理睬別人，否則只會影響人際關係，以及別人對你的評價，造成反效果。

建議明確、誠懇地告訴對方你拒絕的理由，希望對方能體諒你。如此一來，有自知之明的人應該就不會再為難你，反而會為你的坦率所感動。不得已時，可以編派一個委婉的藉口拒絕別人，這樣既能讓對方明白你的立場，也能充分維護對方的面子，保持雙方良好的關係。

總之，該拒絕的時候，就一定要拒絕。這是一個人樹立自我形象，保持鮮明個性的必經之路。

消極的力量沒有想像中的可怕

就算你不知道自己是不是樂觀積極的人也沒關係，因為大多數好動外向的人都謊稱自己樂觀而積極。即使是那些出類拔萃的教師、演說家或作家，有時也有不可告人的傷心往事。

世上沒有完全樂觀或完全悲觀的人。然而，那些依靠宣傳樂觀觀念而生活的人，總是能說服世界上其他人相信「如果你不是時時刻刻對生活抱著絕對樂觀積極的態度，那麼你就是個低能兒」。不知怎麼地，我們都認為我們一定有什麼極其錯誤的地方，使我們不能抱持樂觀積極性。久而久之，這種想法使我們做出這個結論：「我真的不是個能幹的人，天生就是個失敗者。」

大部分的人都相信某些行為和傾向被看成是積極的，某些則是消極的。甚至認為成功者是積極者。不積極，註定會失敗，除非你改變自己。因此，我們花許多精力試圖改變自己，而不是放在取得成功上。

如果你認為自己是個消極者，就會經常告訴自己「不能這樣做」。千萬不要理睬這種聲音，也別把精力放在試圖改變對自己的看法上，這樣就能擺脫「先改變後成功」的陷阱。

你可以按照自己的意願做個消極者，一方面整天悶悶不樂，一方面在取得成功的過程中做自己該做的事情。一位受歡迎的歌唱家、電影明星和喜劇演員貝特・米德勒，在一次採問中曾經提到，她的丈夫認為，她是他所知道最悲觀的人。講到這裡，她突然哈哈大笑起來。很顯然，她對生活悲觀的看法並沒有煩擾她。她可以在大庭廣眾面前談論它，並且公開地放聲大笑。

想法的威力非常大。我們所思考的事常常變成現實這一觀念，加劇了我們對無拘無束的消極思想的恐懼。如果不好的預感都變成現實，後果就不堪設想了。想法不是那麼簡單的邏輯，我們不可能明白揭示自己的每一種想法，不過，消極的情緒壓力並沒有想像中的可怕。

有人搭飛機時，容易抱著可能墜機的想法。如果你的消極想法威力有那麼大，那麼積聚乘客全體的消極威力，我們不就永遠不能安全降落了嗎？別害怕你的消極想法，只要堅定不移地投入於自己的事業，成功就在眼前。

總之，不要太在意消極的負面效果，而要善用其正面的意義。如果你喜歡發呆，只想坐著看書，那就找一份能整天看書的工作，例如圖書館館員。如果你喜歡吃東西，那就找與食品相關的工作，例如廚師。如果你喜歡看電影，就找與電影業相關的工作，例如電影售票員。如果找不到與自己喜愛的消極面相關的工作，那就試著發揮你的創意，自己創業。

有一次電台採訪傳奇人物，棒球隊經理喬治・安德森，他告訴記者，他的缺點是：他知道棒球應由內向外反傳，但他就是傳不好球。因為他的球打得不夠好，不能成為職業球隊的隊員，所以他後來成為棒球隊經理和教練。

消極面通常隱藏著一筆有待發揮的財產，可以為你贏得報酬。生活的奧祕隱藏在你的性格裡。事實上，努力克服消極的個性，積極地將精力投注在實現夢想上，比沉溺在負面情緒而不可自拔能夠有更大的發展，也不會經常徒勞無功。

只要善用長時間以來為了克服消極面所展示的決心，就可以輕而易舉地變成真正培育成功的種子的力量。

敲開決心的大門，將注意力從自己的消極面轉移開，把注意力集中在實現夢想上，即使是微小的希望之火也不忽略，就一定能夠獲得成功的果實。

生活是由不切實際中的合理性組成的，臉皮厚、居心叵測者對此瞭若指掌，不過，希望和夢想會變成生活中的拖船，引領我們前行。造物主創造我們的那一刻，就確保我們「不斷產生新的希望」。

不要在意消極性的存在，專心於眼前的事務，將精力集中於希望之光，成為一位積極的消極性思想家吧！

7 從新的起點向上成長

只要你是錐子，哪怕被人放在口袋裡，時候到了，也會露出尖鋒來。

Easy Attitude, Easy Life

認清自己，擺脫生活的束縛

無論在辦公桌前，或是在電視機前，都有精神緊張、筋疲力竭的人。他們一方面因追求社會地位而坐立不安，另一方面為了追求地位不得不沉緬於激烈的競爭和尊崇他人的潮流之中。總之，這樣的人毫無幸福可言。

就算知道自己正在追尋的是不切實際的東西，就算知道生活方式有問題，但是很多還是無法面對現實，因為他們的周圍找不到一面可以照見自己的鏡子。有的人會更加盲目地工作，漫無目的以各種實則無用的方式應付面臨的窘境，結果卻反而使自己陷入更深的泥淖中而無法自拔。

當有人問：「你現在怎樣啦？」他們會故作鎮定，漫不經心的說：「很正常。」並以物質財產作為其成功的佐證。

社會學家一直在警告我們：現代生活方式可能以人性的泯滅為最後結果。哲學家也在提醒我們：先認識自己，然後再往上爬。然而，專家並沒有為我們提供確實可行的辦法，以幫助我們了解自己，改善困境。因此，直到現在，很多知識分子、青年學生還在為自身價值所苦惱，還在被「我是誰」之類的問題所困惑。

這是現代社會面臨的重要課題。

你是一個個體，有自己的理解、對世界的看法，以及對理想生活方式的見解。對這些問題，有的人也許沒有一定的答案，但當他們真正清楚這些問題時，就能明白自己的價值所在，從而建立起自己理想中的生活方式。如此一來，就能聽從真實自我的指揮，不再是受制於人的傀儡。

建議從下列幾個方面來檢視自己。

1. 身體基礎

身體與心理關係非常密切。一旦身體遭受疲勞、酒精、疾病的侵襲，心理也會受到干擾。

自古以來，人類就相信心理對於身體有好和壞兩種影響，沒有人會爭論「人的行動就如同他的思想」這一信條的正確性。儘管如此，我們還是應該承認：不論思想多麼高尚，身體還是要靠食物、休息和良好的精神狀態來保持元氣。只有擁有好的身體，才能夠具備足夠的奮鬥力。

因此，要認識自己，要先認識自己的身體。現代人的身體是百萬年來人類進化的結果，是為了適應各種不同的環境所演化而成的。人類的肌肉和循環系統，並不是為了讓你過平靜的生活而創造的；消化系統也不是為了讓你節食，或只吃一些人工的精製食物及毫無營養價值的人造食品而設計的。

人體的細胞和器官，可藉由運動增強其功能。細胞和器官的健康，要靠心臟、肌肉、動脈血管、毛細血管等，把健康的血液輸送到全身。適當做些激烈運動，是恢復體力、維持健康的理想方法。還可以藉著騎車、游泳、健身、跑步等多樣化的活動來充實生活，以及改善呼吸系統，促進血液循環。

當然，人體必須仰賴食物滋養、強化、重建。食物是人體必需的維生素、礦物質和其他營養成分的來源，它不僅能讓我們精力充沛，還能幫助我們抵禦各種疾病。

人體不可能永遠完好如初，倘若身體感到不適，就應該去看醫生，定期檢查保養，接受先進醫療的救助。在這樣的前提下，再加上運動、營養，就能為新的奮鬥打好「物質」基礎了。

2. 精神旅行

「精神旅行」是一種使人忘卻世事，與自己的內心世界進行交流的簡單又有效的心理運動。這種活動由來已久，人人都能做到。

現在，我們一起來做一次「精神旅行」。首先，將身體完全放鬆，閉上眼睛，消除雜念，然後，慢慢找出內在最恬美、寧靜的地方。最初可能要花費不少時間和努力，才能找到這塊「綠地」，但是經過幾次練習後，一閉上眼睛就能達到這個境界。

如果你不知道如何放鬆自己，可以先坐在一張舒適的椅子上，把腳放在地上，手輕鬆地擺在腿上，然後閉上眼睛，均勻且深呼吸。這時，每呼出一口氣便能讓身體放鬆一點。之後，將注意力集中在身體的某一點，如丹田上。握緊拳頭，收縮前臂的肌肉，當感覺到肌肉緊張時，把手鬆開，自然下垂。在進行上述的運動時，千萬記住：放鬆，放鬆，放鬆。

這種運動每天都可以做。先放鬆手，再用類似的方法放鬆腿、背、腹部、胸部、頭。等到熟悉這些運動，能輕鬆地進入鬆弛狀態後，就可以練習把思想貫注於平靜的美景之中，或者和真實的自我在一起，什麼也不想。如此一來，你就能輕鬆進入忘我的境界，睜開眼睛後，一定能夠感到身心煥然一新。

瑞德是一家超級市場的經理，他和太太及兩個小孩住在市郊。每天搭公車上班，每次一上車，他就會閉上眼睛，進入內在的平靜之中。當他到達目的地後，就帶著一種從休息、凝想中得到的安然，展開一天的工作。瑞德有時一天會進行幾次這種「旅行」。在工作特別緊張、繁忙時更是如此。他發現，這種活動使他精神愉快，而且工作更有效率。

這種「精神旅行」曾幫助不少人改變生活。這種「旅行」有助於擺脫縈繞於心的思慮，增進睡眠，同時教你如何接受、享受情緒，而不是和情緒作對。就像有人說過的：「憂傷來了又去了，唯我內心的平靜常在。」

保持鎮靜才能控制自己，使你往上爬時不至於手忙腳亂。

3. 生活伴侶

列表，曾幫助過許多健康人發現生活的樂趣，也幫助過許多遭受困擾的人找到解決問題的辦法。現在，就把自己最喜愛的活動寫下來，貼在牆上吧！

第一張表應包括生活中的趣事——愉快的經歷、難忘的回憶，或者任何使你感到滿足的事情。在列表時，最需要斟酌的是，乍看似乎很不錯但實際上卻不能讓你滿意的事情。

如果你買的車子必須經常保養，讓你覺得很煩腦，就把這一「樂事」刪掉。如果你覺得保養車子也是一種快樂，那麼這件事就應該列在第一張表裡。再想想生活的其他方面，像愛情、工作、娛樂，哪些曾令你印象深刻。每隔幾天就回想一下，把所有想到快樂的事都列在表上。

當你覺得這張表已十分完備後，就把那些你認為值得每天要做或至少經常做的事圈出來，列在新表上。這張新表必須包括你能做而且喜歡做的事情，如烹飪、划船、下棋、繪畫等。但要剔除那些一年難得碰上一次的事情，如收到聖誕禮物、彩券中獎等。

第一張表提供充分的資料，使你清楚哪些事使你快樂；第二張表則是生活的伴侶，每天看一看，就能漸漸使生活充滿樂趣。你會發現，自己並不僅僅在做一些普通的事情，而是在做快樂的事情。這些事情，即使不能達到預期的效果，至少也能讓人得到短暫的滿足感。還有，如果你覺得做另外一件事更加愜意，就不要猶豫。如果你想在第二張表裡列上其他事情，就把它們加上去，但如果有些事情並沒有為你帶來預期的快樂，就刪掉它。

除了使你每天的生活都很愉快，列表還能帶來很多新的東西。先試一個時期，你會發現，按照這張表所指示的方向去行動，生活會有很大的改變。

在每天有限的時間裡，表中列舉的那些快樂的事情會把灰色、不愉快的事情棄之於生活的圈子之外。即使是根深蒂固的惡習，諸如抽煙、酗酒等，有時也會被這些愉快的事情洗滌掉。

4. 減輕負荷

很多人因為太過沉緬於已經逝去的時光裡，浪費了大量的時間和精力。就像生活在陰暗的陰影下，過去的錯誤、誤會、悲劇永遠困擾著他們。這些人認為：他是父母的、環境的、社會的產物，是由他的過去演變而來的。他命中註定要在現實生活中，背負自己不幸卻又不能忘懷的過去。於是，整天處於困擾之中，得不到休息，也得不到安寧，更無法顧及事業、工作、健康。這些人超負荷地奮鬥，堅持不了多久便會倒下。

許多人一直生活在「我很不幸」、「我很倒楣」、「我很苦命」的陰影中。他們像悲劇中的角色，渾身充滿悲劇色彩，給別人不祥之感。他們認為自己的奮鬥比別人辛苦，一遇到麻煩就低頭認命。

其實，當你堅持說不能爬山的時候，只是表明：到現在為止你還未曾爬過山。

如果我們只是重複以往的經驗，就永遠不會成功，不會進步。

你有過過失，沒關係，只要不重蹈覆轍就行了；你有過不幸，沒關係，只要這種不幸不要延續下去就行了。人類生存的目的，不是沉緬於無止盡的反省、自責、回憶之中，而要著眼於今天，快樂地活下去。

5. 英雄角色

英雄通常可以根據自己的自由意志，採取不同凡響的行動，超越別人對他的期望，或者無視別人的反對。

要成為自己的英雄，首先必須探尋潛在力量，把它發揮出來。現在，先勾勒出你心目中英雄應該具備的特質。堅持自己的信仰而置別人的指責於不顧的人是英雄嗎？如果是，那麼你也可以這樣做。朝著有意義的目標而努力工作的人是英雄嗎？如果是，那麼你也可以依此行事。切記，在開始每一次創造性或決定性的行動之前，都要鼓勵自己：我做得到，我一定做得到。

一個癮君子，若覺得自己是此癖好的犧牲者，而毅然決然地戒掉這個壞習慣，那他就成了自己的英雄。一個三心二意，今天學繪畫，明天學彈琴，後天練跳舞的人，能長期致力於一件事情，那他也成了自己的英雄。

偶爾，你為了維護自己的權利而頑強地抗爭，你也能成為自己的英雄。

有個人買了一輛車子，剛開車上路就出了毛病，經銷商拒絕換一輛新車給他。於是，這個人就在車身上畫了一個黃色大檸檬，然後把車子開到經銷商的營業部。買車人不尋常的抗議方式，引起眾人極大的關注，最後，他如願以償，得到一輛極為滿意的新車。他成了自己的英雄，也成了眾人的英雄。

做自己想做的事情，以自己扮演的角色為傲，就會成為自己所欣賞的英雄。

6. 自我嘉獎

每個人都需要別人的讚許，讚許是一種強而有力的報酬與鼓勵。但是光靠別人的讚許還不夠，我們還需要自我判斷和自我報酬。

自我判斷和自我報酬，會導致從受別人指引變成聽從自己內心的指引。一個人若不經常增加自信心，而是永無休止地尋求別人的讚許，那麼，他不能保護自己的特點，也不能保護自己的才能。所以，要適時自我獎勵，使自己的身心感到滿足和快樂。

瓊是一個作家，靠投稿維持生計，她給自己訂一個目標：每週寫兩萬字。達到目標，就去附近的中國餐館大吃一頓；如果提早完成，就去海邊過週末。幸運的瓊，每到週末，不是在唐人街品嚐中國菜，就是在海灘上曬日光浴。

自我報酬，有別於自我陶醉。要實行自我報酬，就必須正確評估自己的能力和目標的關係，並藉此強化希望強化的人格。如果你的所作所為、所做的判斷，與你擁有的能力相符，就意味著你可以告訴自己「我的確做得很好」。當你的內心被這種內在的詮釋所激勵時，就會感到滿意，甚至得意。

每當你做了一件令自己感到驕傲的事情時，可以仔細地品嘗勝利的滋味，讚美自己。同時，細細玩味其中的快樂。某位名噪一時的歌手最後以悲劇結束一生，究其原因，就是因為在舞台上他需要以觀眾的掌聲來肯定自己，但卻從來不曾聽過自己的掌聲，所以就以戲劇化的方式離開表演的舞台。

7. 無償服務

格倫費爾曾說過這樣一句話：「我們為別人服務，事實上是為我們在地球上所占的一席之地付租金。」的確如此。

助人使自己的人格得到昇華，如果你以幫助別人為樂，或為了某件你認為值得的事情貢獻力量，並且不期望獲得別人的感謝和社會的讚揚，那麼，你已經變成一個真正的人道主義者，你將更加清楚你是誰，你能做什麼。

順著合適的梯子向上攀登

有人把等級制度比喻成樓梯。的確，樓梯和等級制度有共通之處。例如，等級制度和樓梯一樣，是向上攀登的工具，爬得越高，危險性越大。不過，這二者之間也有許多差別。在等級制度裡，你是否有資格晉升到另一個級別，不是由你個人決定。而爬樓梯則不然，你想爬就可以往上爬，只要不怕掉下來。

任何一個組織的成員，都可能發現自己處在不能勝任的等級上。一個資歷和才能適度的人，平時能有效地管理他的財產，可是在繼承了一大筆遺產後，可能會手足無措。

在企業、研究機構，或是在其他部門裡，經常可以看到這樣的例子：原本能力出色的員工，晉升後突然變得錯誤百出。

一個一向擔任廠房主管的工程師，可能被擢升到根據其能力能勝任的公司經理的職位上，或許還能勉強坐上公司的第一把交椅。然而，一旦成為公司的第一把交椅，他就必須花很多時間處理例行的公務。如果幸運找到一名得力的助手，還能掩蓋自己能力的不足，但問題始終會浮上檯面，他的能力很快就會遭到質疑。

我們常會看到這樣的事例：某個剛剛晉升的員工，對於新職位顯得無能為力，但過了不久，便漸漸能夠勝任。事實上，這種情況通常是編造出來的。不稱職者的上級，為了證明自己的決定沒有錯，會袒護他，並指定具有才幹的下屬來幫助這位新上任的人，並將較棘手的工作交付給其他人。最後，這名不稱職者負責的業務已被削減到其力所能及的範圍，使得他終於能「適應」新的工作。這種做法，只會導致惡性循環，影響公司的運作。

常有人問：「為什麼大家都如此賣力地往上爬？」、「人為什麼這樣喜歡競爭？」

其實，你現在的處境就是你參與社會競爭的結果。不是嗎？

人一來到這個世界，就不得不和其他人較量。一些好勝心強的父母，對孩子照顧得無微不至，給孩子更多更好的玩具、衣服，讓他們讀最好的幼稚園，吃最好的食物。結果，當孩子正式走進學校之前，他們已經深植錯誤的觀念，認為自己是消費者，得到的玩具、衣服、食物等，與別人的讚許有關，同時也與自己的表現有關。

在學校，他們每做一次作業就能得到一個成績，藉此了解老師對自己的態度與評價。他們在老師、同學和家人心目中的地位，是由其在學校裡的成績決定的。學校本身就具有完備的等級制度，學生在某一年級的成績，成為他進入下一年級的資格證明；有了這一證明，他就能繼續往上爬，直到獲得學位為止。

在孩子性格成型的那幾年，被灌輸「持續往上爬」的觀點。按時完成作業、考試得高分、比賽獲獎，在體育、辯論、社交方面勝過同學……久而久之，出人頭地往上爬的思想就滲入他的骨髓裡。

當孩子大學畢業，置身社會組織時，他並沒有把家庭、學校對自己的影響抹煞掉，會以加薪、晉級、贏得社會聲譽為滿足。

現在的孩子就是這樣被訓練長大的。在他們眼裡，生活就是爬樓梯。

有些人認清這一點，決心退出這種和自己過不去的格鬥，嘗試更富價值、更有意義的生活。

不幸的是，大多數人都還沉溺於過去的價值而不自知。對於這樣的人，只有在非常時期，如身體癱瘓、面臨死亡威脅等，才會審視過去的日子到底給了他什麼。也許，他可能感受到夕陽的美好、親人的關懷，重新體會鳥語花香和鄉村景色帶來的感官快樂。在這時，他才開始認識生命中最有意義的事物——仁慈的天性、美麗的景色、助人的樂趣或平靜的生活。如果他能恢復健康，獲得第二次生命，他就可能會一改過去的生活態度。當然有另一種可能，就是他重新回到樓梯上，回到以前那種不斷爬樓梯的生活。

接著，來看看別人得到了什麼？

當生產經理比爾獲得晉升為總經理的機會時，他拒絕了。因為比爾權衡之後發現，前任總經理獲得的報酬是每天十小時以上的緊張工作，長時間出外巡視，外加胃潰瘍。

因此，當你獲得晉升的機會，或為晉升而奮鬥時，最好仔細思考一下，晉升的後果是什麼？得到更多的財富、權利、聲譽後，生活會變得怎樣？這些報酬能使你向更高的目標邁進嗎？會給你帶來長久的滿足和內心的寧靜嗎？好好想想這些問題，你就知道要適可而止，不會好高騖遠了。

有的人循規蹈矩，小心翼翼，別人怎樣想，他也怎樣想，別人怎樣做，他就怎樣做。他只是滿足於遵從社會標準，毫無條件地讓社會支配他的行為，從不想一想自己為什麼老覺得不滿意，老覺得生活沒有什麼樂趣。

請記住，自己引導自己，不要讓別人來主宰你。一個改變自己以求適應大眾的人，最後會變得一無所有。

一般情況下，公司不可能把一個無能的人提升到他能力不及的職位。但是，一些名垂青史的偉大領袖，最初都是從「無能」的隨員做起。有的人在讀小學時，就和學校發生衝突，而且老是挑戰校規。在他們早年的生活中，也經常因不服從而遭解雇。在正常情況下，這的人永遠當不了領袖，但隨著戰爭或社會動蕩的來到，等級制度被破壞了，那些多次遭遇失敗的人，積累了經驗，從而變成了卓越超群的領袖。

當然，每個人都可能會有這種平步青雲的機會。

布朗克是羅康特百貨公司的售貨員，因為不贊成中級主管認可的售貨方式，一直得不到升遷的機會。後來，他另覓途徑，加入當地環境保護協會，並被選為主席。他經常利用業餘時間主持大型且有益的社會運動：教人民如何淨化城市。羅康特百貨公司董事長很欣賞他的領導能力，不久就請他出任公司的經理。

我們需要機會，無非是需要一個表現自己、證明自己才能的舞台。事實上，這樣的機會很多，學校裡的講台、平常的待人接物等，既是學習的機會，也是自我表現的機會。千萬不要小覷這些契機。

不要有懷才不遇、生不逢時的想法。只要你是錐子，哪怕被人放在口袋裡，時候到了，也會露出尖鋒來。

找到正確的努力方向

為了使潛能得到最大的發揮，就要跳過更高的障礙物。但是，在開始跳躍之前，要先看清楚周圍的環境和方向。

遺憾的是，很多人並沒有先做好這個預備動作。直到跳完後才發現，他碰到的根本不是跳桿，而是什麼都沒有，所以在跳桿之前，找到正確的努力方向相當重要。

1. 心目中理想的大人物典型

一個人對自己的看法包括很多方面，如對自己的體能及社交情況的了解，對性的看法，對智力的評價等，這些都和生活的目標有關。

你覺得自己能發展成人格健全的人嗎？你了解等級制度對自己的影響嗎？你明白自己是如何被塑造成今日的樣子嗎？如果你能夠正確且切實的回答這些問題，那就表示你對你希望自己成為什麼樣的人已有了清楚的認識。

只要擁有堅定的自信，就一定能成功，甚至成為理想中的大人物。

2. 展示能力的途徑

不管你在哪裡工作，都會有展示能力的機會。要做你最勝任的工作。如果你是社會學家，在遇到社會問題時，就要充分運用你所掌握的知識和調查材料，提出可行的辦法，藉此證明你的能力；如果你是科學家，就要運用你的知識和發明來贏得人們的尊重；如果你是作家，就要利用你的寫作能力描寫美好、揭露醜惡，讓社會承認你的貢獻。即使你的工作不理想，也要致力於對社會、對他人有益的活動，多做貢獻，並藉此展示自己的才能。

3. 切記「得要償失」的準則

很多人在面臨選擇時，經常迷失方向。本來，他應該在下一個十字路口向西走，但到了十字路口，卻因見東邊的馬路上車水馬龍，人頭攢動，就跑過去湊熱鬧，以長久的快樂換取暫時的滿足。

4. 尋找新途徑

如果你有豐富的想像力和冒險精神，或覺得對現在的崗位力不從心，那麼不妨換換環境，接受新的刺激，以激發新的動力。

不過，這麼做可能使你失去一些朋友，並承受來自各方的壓力。因此，你必須估算你可能遇到的麻煩，以及將來要遭遇的競爭，並在此基礎上決定自己的去留。

5. 預測自己的能力

當你得到一個晉升機會，或是遇到重大的轉折時，不要因此改變你原來選擇的目標。許多人因為不能拒絕外界的誘惑，所以每次一換工作，就更換既定的目標，導致迷失方向。貪婪雖然能使人得到能用金錢買得到的東西，卻常常使人失去用金錢買不到的東西。

你在爬升之前，要先掂量自己的分量，看看自己是否能夠勝任新的職務，看看新的工作能否帶來夢想和快樂，看看自己能否達到更高的層次。

切記，有一種東西比能力更稀少、更美好、更難得，就是認識自己的能力。

6. 不要只看表面價值

有一間食品進出口公司的老闆雖精明能幹，對進出口貿易卻一竅不通，所以公司營運狀況非常不理想。

美希商科學校畢業後，應徵到該食品公司當業務員。她表現出色，且任勞任怨，別的業務員搶不到的客戶，她總能夠爭取到訂單。

她為什麼願意在這種看來沒有前途的公司工作，讓人匪夷所思。她說：「公司有沒有前途是老闆應該考慮的事情。至於我，有機會學習、磨練、發揮，已經心滿意足了。」

很多人喜歡抱怨現在的工作，卻不懂得利用機會好好充實、鍛鍊自己。以消極的態度對待工作，對事業、對生活都沒有好處。

因此，表面上的「運氣好」、「運氣不好」、「有利」、「不利」等，本身並沒有什麼意義。唯有懂得超越表面價值的人，才是擁有真正的大智大慧，才能把壞事變為好事，不被表面價值的陷阱所引誘。

7. 做個追隨者

如果你有幸碰到喜歡拔擢下屬的主管，千萬別放過，好好地追隨他。那麼，我們該如何「追隨」呢？

第一，讓你的主管認為你創意多。如果主管徵詢你的意見，你卻一問三不知，久而久之，他就會認為你能力不足，開始疏遠你，你將因此失去依靠。所以，最好有問必答，而且要答之有物。在適當的時候，還要勇於提出建言。

第二，與主管或同事意見分歧時，要盡力排除，這樣你才會有好人緣，別人才會認同你，而不是排斥你。一旦有晉升的機會，同事會支持，主管則會為你開路。

第三，公正處事。你對形勢的觀察，應立足於事實之上，而不是個人的偏好。在處理問題時，盡量避免受個人情緒的影響。

第四，發現主管需要協助時，及時伸出援手。

第五，明白地表示，你隨時可以接受任何特別交辦的任務，並讓你的主管知道你在做什麼。

如果按照上面所說的原則和主管相處，仍然得不到應有的重視，那麼，問題在你的主管而不是你。這時，不要猶豫，盡早去查閱報紙或網路上人力銀行的招募廣告吧！

避開暗礁、陷阱

很多東西只有在失去時，才知道它的珍貴。一個人的能力也是如此。我們應該排除外界的干擾，保持前進的方向。想要持續保持前進，提供以下幾個方法：

1. 抒解升遷的壓力

抒解升遷壓力最有效的方法，就是假裝對新職位無法勝任。

這是一齣獨角戲，如果你要演，就要注意：第一，這齣戲無損你原有的能力，只是讓別人覺得你不適合當官，或不適合做某件事；第二，演戲時要聲東擊西，使別人分心於與議題無關的問題；第三，不要使別人難堪，要讓人有台階下。如果你的戲符合這三項標準，而且看起來很自然，就能得到預期的效果。反之，如果過分做作，就會被人當成小丑，能力遭到質疑。

2. 繞過陷阱

有些事情不要看得太認真，要懂得轉彎。

有一次，約翰的上司寫了一篇有關學校前途的文章。他知道約翰對這個問題頗有見解，於是送來請約翰看看。約翰知道這是一個陷阱。試想，如果他把約翰的評論拿到教授會議上，不等於他對教授們說，他對學校的發展有獨特的意見，完全勝任他們想讓我擔任的職務。

結果，約翰回了一封信，讚美對方寫了一篇這麼好的文章，並在文中表達對當今社會風氣的憂慮。他的文章只順便提了一下學校和社會風氣的關係。

如此一來，他的上司就無法拿他的回應大作文章了。

3. 裝瘋賣傻

日常的書信往來、閒聊，都應言簡意賅，盡量用常用詞和簡單的陳述句。能否和同事進行有效的溝通，是決定你能否勝任某個職務的關鍵；而能否以精確簡明的方式表達自己的意見，則是領導者必須具備的基本條件。

如果你的高談闊論使你陷入力所不能及或自己不感興趣的階層時，最好施放煙幕彈。

例如，在私人公司裡，能幹的員工容易受到不論勝任與否的輿論的侵擾。如果你的表現出色，又和長官們很投緣，那麼他們就會被你「吸」過來，叫你整天寫報告、和他們聊天，以致你無法把分內的工作做好。在這種情況下，最有效的防衛方法是丟煙霧彈，讓那些干擾你的人迷迷糊糊，摸不清頭緒。

世界上有兩種官樣文章：一種令人難以理解，另外一種容易使人產生誤解。無論你使用哪一種，只要恰到好處，就能使提問的人猜不到你的真實意圖。

因此，如果你的能力受到外界的威脅，心靈為憂慮所困擾，就趕快施放煙霧彈吧！

平衡激情與理智的爭鬥

人類因具有理性而有別於其他動物。理性不同於智力，而是運用智力的工具。簡單地說，理性就是追求合理。

一名有經驗的駕駛在山路上行駛，如果碰到阻礙交通的路障，他會飛快地把車開到碎石路旁，然後滑過鬆軟的碎石路，最後在正確的控制之下把車開回正路上。不過，就算是開車技術很熟練的人，遇到這種情況，還是需要一點時間從震驚中回神，甚至會為自己迅捷的反應感到驚詫。

當然，如果是沒有經驗的駕駛員碰到這種情況，可能就難逃翻車的噩運了。

因此，平常在面對問題時就應該理智的研擬解決的步驟，真正發生狀況時，才能夠正確的反應。請參考下列的做法。

1. 合理計畫

擬定合理的計畫之前，先問自己三個問題，而且你的行動須和回答一致。

首先，認清自己的處境。你的任何決定，例如進修、結婚、離婚、換工作、做生意、退休等，都要建築在實際情況的基礎上。

避免從不熟悉的領域著手，必須在目前的情況下起步。你對現狀的評估，會告訴你是否需要改變，是否要採取大動作。

其次，確立目標。認清自己的處境後，確立自己的目標或希望到達的領域。如果你決定改變，就必須考慮改變後的情況；如果你決定解決問題，就必須思考解決問題的方法。

確立目標後，利用你所能支配的時間、金錢去實現目標，並及時評定實現目標的可行性。如果你發現這一目標並不可行，就要及時採取修正措施或放棄這個目標。

第三個問題是，擬定達到目標的方法。許多組織、企業面對如何實現目標總是束手無策。銷路不暢時就增加推銷員，卻不檢查他們的生產線；客戶退貨增加時就增加品質檢查員，而不研究工廠的生產機制。實際上，推銷員不會增加需求，而只知從中牟利；檢查員不會提高產品品質，只會尋找缺點。

這三個問題使你把注意力集中在起點、終點和過程上。即使你一時無法做決定，但只要仔細回答這三個問題，自然能夠理出頭緒。

2. 合理決策

做決定的時機與能否成功大有關係。在馬兒進欄之前就鎖門和馬兒跑了之後再鎖門都不合時宜。

有些人認為自己有條不紊，但別人則認為他過分謹慎，老是猶豫不決。別人認為是輕舉妄動的決定，有些人卻認為是幹練的選擇。毫無疑問，每個人都應該清楚，什麼時候該做決定，什麼時候不該做決定。

施塞和田達都是運動器材製造商，他們希望生產最新的自動滑雪機，趁機從中牟取暴利。

施塞勘察了工廠的位置，發現有五個地方都接近原料產地、有廉價的勞力、便宜的運輸費。因為這五個地方幾乎沒有什麼差異，施塞對選擇何處一直拿不定主意，只好請教顧問。不料，這次的諮詢竟耗費掉三年。這時，人們對自動滑雪機的需求已大幅減低。

田達以大刀闊斧著稱，未經仔細研究，就著手建工廠。然而，工廠開始生產後，他才發現此處並非建立工廠的理想地點。因為製造滑雪機的主要材料，要到數百里之外的市場採購。

施塞和田達，一個急躁，一個畏縮，做決定的時機不對，結果蒙受了不應有的損失。

如何對付令你惱怒的人

或許你不是個脾氣暴躁的人，也不會對所有的事都發脾氣，但是總有那麼一兩個人——不是你的老朋友，就是你的鄰居、親戚——卻一再地激怒你。

最令你生氣的人常常是你最深愛的人，真正的敵人反而很少使你異常憤怒。理由很簡單，對於我們的敵人，或者對於他何以成為我們的敵人，我們都非常了解。但我們卻經常為所愛的人找藉口，最後導致爭執的局面不斷發生。

誰會令你生氣呢？你或許已知答案。不管如何，問問自己下列問題：誰令你生氣？他做了什麼事令你生氣？你覺得怎樣？後果如何？如果你老是生某人的氣，那一定是他做了得罪你的事。

下面是八種令人憤怒的行為，但當事人卻很少察覺到。

1. 老說自己是受害者

例如約翰，他本人不惹你生氣，但是你卻常為他的處境憤恨不平。因為他總是跟你說別人如何欺負他、利用他，他的老闆又是怎麼誤解他，計程車司機如何對他口出惡言，他的親戚又騙了他等等，使你也跟著對那些人生起氣來。但除此之外，你根本幫不上任何忙。

2. 謠傳對你不利的事

某人總是告訴你，有朋友或鄰居對你不滿，又要你不要把話講出去。結果，你根本不知道指責你的人到底是誰，只能聽一面之辭罷了。在這種情況下，除了憤怒之外，根本束手無策。

3. 喜歡信口開河的人

例如「下禮拜我開始去為我們找一棟較好的房子！」、「這星期過後我就要戒酒了！」、「再過一年我們就會有錢了！」。說歸說，卻從來沒有實現過。

4. 將自己的想法強套在別人身上的人

例如某人跟你說了一個故事後，就期望你跟他一樣有憤怒或哀傷的反應。或者他說了一個笑話，自己笑得人仰馬翻，也希望你有相同的反應。

5. 經常找人問問題，或要求別人為他做某事的人

不管你給了他多少恩惠，或是耐心回答了他多少問題，但他總是沒完沒了，遲早會為帶來麻煩。

6. 喜歡雞蛋裡挑骨頭的人

例如某人老是挑你話中的矛盾之處，「上星期你不是說你想見史密斯的家人嗎？」、「如果你不喜歡那個地方，為什麼三年前要去那裡度假呢？」他有時還會讓你覺得你實在很笨，如：「你難道不知道有可能下雪嗎？」、「你看不出他結婚了嗎？」、「我真不懂你為什麼要那樣做？」等。

7. 否認別人有敵意或有不公平的行為的人

例如你剛從宴會回來，離開了那些令你討厭的人。當你跟某人說你實在受不了那些人所說的話時，他竟然很驚訝地回答：「是你太敏感了吧！」

8. 沒耐心傾聽別人說話的人

約翰講自己的事情就講了好幾個小時，但輪到你要說自己的事時，他卻說：「我得回去工作了。」

對付生活中令你惱怒的人最重要的一點，就是先把自己的感覺實實在在地說出來，若有人想左右你，切記，你跟他同樣有權表達自己的想法。你可以這麼說：「我不覺得這個笑話有你說得那麼好笑。」或是「你可能以為他們很了不起，但我受不了他們猥褻的言論，我不同意他們會傷害到別人的說法。」

遇到動不動就尋求別人協助而不自己努力的人時，你可以跟他直說：「即使是很小的問題，也請你不要再問我了，好嗎？」面對喜歡信口開河的人時，則可以說：「你不要再隨便許什麼諾言了。」如果一時還不能見效，至少也要讓他知道他的行為令你感到不愉快。

指正對方的行為時，要委婉告知，不要傷害他。因為不管對方做那些事的動機是什麼，只要不要一犯再犯就可以了。

當然，事情有時可能不如預期，有些人總是我行我素，根本不管別人的想法和感受。遇到這種情況時，即使可能會影響兩人的友情，還是必須坦言告知，長期忍氣吞聲，最後只會傷到自己。

然而，即使某人的行為令你覺得惱怒、驚恐、絕望，只要不過分在意，這些負面的情緒很快就會從心中消失。例如使俄國生理學家巴甫洛夫在研究交替反射作用時，搖了鈴後，不拿食物給實驗的狗吃，牠就會停止流口水。因此，別人一句苛刻的話雖令你憤怒，但這只是短暫的情緒罷了。

如何向別人訴苦

如果你的生活中有人做了一件讓你覺得有絕對理由可以抱怨的事，你該怎麼辦呢？

抱怨是不可避免的事，但也是一門藝術。只會說「把心中的一切傾吐出來吧！」比真的說出來要容易得多了，但把一切說出來又比提出公平、有力、正確的異議更簡單。提出異議與其他藝術一樣，需要花時間練習。

近幾年來，專家經常與一些夫婦接觸，歸納出一套建議，同時發現這套方法能夠迅速幫助人們在許多事務上順利地進行溝通。如果你與某人經常吵架，專家會極力推薦你試試這套方法。這些方法確實能有效帶來暫時的和平，而在此期間，你還可看出到底哪一種方法更有效。而且，專家們還教導你如何傾聽別人訴苦，如果訴苦的人也按照這些方法去做，雙方就更容易溝通，能更快地找出你們之間爭執的原因。在各種人際關係中充分利用下列原則，可以避免許多無謂的糾紛。

1. 只對於你不利的人提出異議，不要把別人牽連進來

不要在第三者面前批評對方。大部分人受到批評就像遭到攻擊一樣。不顧慮對方的自尊，公然在大眾面前批評他，會使彼此的關係變得更僵硬。除非有特殊緣故非要當場說出來不可，否則最好私下與對方溝通。對方有權在別人面前表現自己，不需要藉著你對他的評價讓人留下印象。換句話說，在別人面前讚美對方也不一定是好事。

2. 不要拿對方與別人相比

你和女朋友約會，她卻遲到，等到她來了，你就開口前女友絕對不會讓你久候，這樣，接下來就無可避免的又是一場口舌之爭了。沒有人希望自己不如別人，即使你對別人的抱怨不過分，還是不會有人喜歡被拿來做比較。

我們的行為準則應依據自己的想法，而不是依別人的想法而定。想拿對方與別人相比，使之合乎某種行為規範，並不是正確的做法。同時，要避免暗示性的比較，如對某人表示出失望的表情，這也是應該避免的比較性暗示。

3. 適時提出自己的想法

跟對方單獨在一起時，要趕快說出自己的想法。像工作一樣，想愈多就愈難以啟口，甚至讓你牽扯進無關的事：例如翻對方以前的舊帳。就算他真的有錯，但是往事已矣，任何人都不喜歡被揭舊瘡疤。

4. 對方已接納自己的想法時，就不要一再重複

亦即你跟他訴過苦後，就別想非要對方向你立下自白書。他既然已耐心地聆聽你的指責，你就不該再提他的過錯。如果某人與你衝突過，第一種可能的後果是他不再與你來往；第二種情形則是你們依舊保持聯繫。如是後者，那麼你就該坦然一些，不要老是提他做過的錯事。

有些夫妻喜歡揭對方的瘡疤，爭吵的原因或所用的字眼幾乎千篇一律。對於這種情形，專家替他們制定了一套處理各種關係中發生抱怨時都用得著的辦法。亦即有一方令另一方生氣，另一方必須在兩人單獨相處後二十四小時內提出異議，再慢慢縮短事情發生與提出抱怨的間隔時間。如果在允許提出抱怨的時間內沒有說出，過後一律不受理。這種方法有兩個好處：一是如果一方保持沉默，會迫使另一方說出他的異議；二是不能確定自己有沒有得罪對方，只要被允許抱怨的時間一到，就不必害怕受到指責了。

採納專家建議行事的人，普通具有共通的特點——他們都不知道自己常藉著訴說別人如何苛待他來保護自己。衝突一爆發，雙方都覺得沒有什麼武器可以攻擊對方，於是不是破壞了他們之間的協定，就是等著對方來破壞，並且大提對方的過去並加以抨擊。想要控制自己不舊事重提，需要一番訓練。一旦兩人都不再拿對方的舊事作為爭吵的原因，他們就會發現根本沒有什麼利害問題讓他們像以前那樣徹夜拌嘴。

5. 只就對方能改變的行為提出異議

別人能改變的行為，提出抱怨才有效。如果要求某人不要大聲喊叫或許還可以，但卻無法要求別人不要對你生氣。

切記：只能就對方行為的本身提出異議。你可以要朋友配新眼鏡，卻不能對他因上了年紀、視力衰退的事情大加指責；你可以抱怨對方把髒衣服到處亂放，但卻不能怪他長得太矮。因此，如非意志所能改變的行為，都不該抱怨。

6. 把不滿講出來，不要只是表現在臉上

宴會上，有個先生老打哈欠，使宴會氣氛不和諧，但他的妻子只把憤怒表現在臉上，根本無法使丈夫明白自己到底做錯了什麼事。有些老闆在快下班時發現公司裡最勤勞的職員居然也急著要回家而心生不滿，職員出門前走過老闆身邊，發現老闆失望地看著他。雖然面部表情有時能使別人去做他們原本不想做的事，但一般人都不喜歡別人用負面的態度強迫自己做事。表情是內心情緒的表現，一旦被拿來當成表達不願說出的話時，就失去了這個特質。

7. 一次只抱怨一件事

一次抱怨太多事，對方容易錯亂，搞不清楚你要抱怨的是什麼事。例如你進入老闆的辦公室想要求升遷，就別再提辦公室鋪地毯的事。一旦話題轉到地毯上，就很難達到原本的目的，同時給老闆轉移焦點的藉口。

8. 抱怨之前不要先有開場白

不要說：「有一件事我一直想跟你說，說出來或許對你的打擊很大，但請你不要生氣……」

也不要說：「我要告訴你一件事，這完全是為你著想，現在請你仔細聽我說……」

有什麼比以上兩段開場白更糟的呢？你這一招非但沒有使他聽了你的訴苦後不會感到難過，反而把他惹煩了。有了開場白，無疑是你要使你們兩人都相信要提出的事極為重要，而且或許他還接受不了。因此，有些人聽到你的開場白，恐怕早就有所防備，哪還有心思聽你說呢？

9. 既然已經抱怨了，就不要再說道歉的話

跟對方說抱歉，要求他包容你，不致於因意見相左而深感不安，這樣反而給對方增加不必要的負擔，也抹殺了你的好心，並會再度懷疑自己是否有權提出異議。

10. 不可用譏諷的語氣

人之所以會用嘲諷的口氣，多半都因輕視或害怕對方。你輕視他，將使對方不會留意你的話；也因為你不直接把話講清楚，而更加深了你對他的恐懼感。善用嘲諷口吻的人，不論說的話如何精明，都是虛情假意，那種人沒有什麼自尊，只不過是懦夫罷了！

11. 不要問別人為何會做出令你不滿的事

如果你的意思是不希望他做這種事，就說出來要他別再犯了。例如，下面這兩個問話，「你為什麼要打斷我的話？」或「你幹嘛把腳擱在我的椅子上？」，很明顯可以看出說者要對方不要再有那種舉動。

有時說話的人覺得自己沒有足夠的理由公然要對方停止某些動作，而用迂迴的方式徵詢，但這種問法比提出不適當的要求更糟，因為對方不做某些動作是輕而易舉的，但如要他去探索自己何以做那些動作的原因，再正確地回答你的問題，根本就不可能。而且很多人不喜歡別人認真地問他們做事的動機，認為那是侵犯他們的隱私。

12. 針對某人行為提出異議，別牽涉其行為動機

向對方說出到底他做了什麼事，再告訴他為什麼你會覺得他不該那樣做。切記，不要牽扯到對方令你生氣的行為動機。例如：

「你從來就不讓我把話說完。」

「你根本不在乎我等了多久了。」

「不要再讓我發脾氣了。」

如果你能明白地告訴對方他怎樣得罪你，而不是把自己當成心理分析家去診斷對方的症狀，他或許能接受你的抱怨。像上面那些話，如果聽者覺得你對他行為動機的猜測是錯誤的話，他就不會理會你的抱怨，甚至覺得你侵犯了他的隱私。幾乎沒有人會聽不出下面兩句話有什麼不同之處：「請不要打斷我的話。」、「你從來就不讓我把話講完。」

因此，不要把結果與動機混為一談，就像有人踩了你一腳，你不能就此推論出

他有意傷你。

13. 避免使用「總是」、「從不」等字眼

這些字眼暗示對方過去的行為。一般人為了強調其異議，往往會誇大語氣，結果使他的抱怨變得空泛。

14. 如果你從來就沒有讚美過別人，也休想對方會接受你的批評

有位女孩從出生到八歲時，很少開口講話，醫生、社會工作者、精神病治療專家等都來看過，就是診斷不出原因。有一天她在吃早餐時，突然大叫：「麥片粥怎麼都凝成一塊一塊的？」家人問她以前為什麼都不開口，她說：「從前並沒有什麼事讓我挑剔的！」

千萬不要像這個故事裡的小女孩一樣只知抱怨，這樣別人只會記住你這一點。如果你偶爾想發發牢騷，平常就該稱讚別人，同時學習如何感謝別人傾聽你的抱怨。

如何接受別人的批評

人只要活著，就會受到批評，尤其是對你期望愈高的人愈會指責你。雖然人非聖賢，不可能完全沒有過錯，但如果他人的批評傷你太深，你可能就會假裝自己不曾有任何差錯。為你自己也為別人，學習如何去接受別人的批評，能讓你過得更幸福快樂。

既然每個人都會犯錯，你就該了解錯誤的緣由，否則可能會開始逃避別人的指責。一旦出現這樣的行為，就會開始害怕它。

很少人喜歡被批評，大多數人都千方百計地想避開它。人一旦被挑剔，就容易產生恐懼感。因為這種恐懼感，有些人也許不會再去類似可能會遭受批評的場合，但這樣就會失去一個重要的經驗，也失去許多有益的批評。很多人都不了解這一點。

他們常回擊別人的批評，暗中又很在意對方說的話。例如傑克對你說：「別再指責我了，沒有人會介意我花兩個鐘頭做午餐。」雖然嘴上這麼說，但下次他一定會縮短做午餐的時間。傑克要是擔心你對他大吼，他下次就不會再告訴你他內心的想法。所以，害怕別人指責或對他人的批評表示生氣，不但會讓你失去友誼，同時也失去朋友的忠告。

擔心自己某些弱點會阻礙你去愛某人，或妨礙你走向成功，而極力隱瞞，只會增加內心的不安，而且愈害怕別人批評你。當你聽到有人跟你說：「你做錯了一件事……」你就馬上認為他已看穿你的一切缺點。如果對方是你的朋友，你們之間的友誼很可能就此中斷，你也會責怪自己的缺點使他遠離你。更甚者，你以後可能就會時常逃避別人的忠告，造成惡性循環。另一個朋友如果再對你提出不利的批評——即使是最輕微的、你早已聽過好多次的——你仍然會覺得他對你有敵意。

停止這種惡性循環唯一的方法就是面對它，甚至鼓勵別人對你提出批評。只對自己說你下次一定會虛心接受批評還不夠，必須改掉以前不聽別人批評的行為。例如：

1.不要對批評你的人咆哮，或憤憤離開。

2.對方的話還沒說完時，不要中途打斷而為自己辯護。

3.在任何情形下，都不對批評者吹毛求疵，或像個法官似的貶低他，更不要糾正他的語病。

4.不要表現得彷彿發生天大的不幸，也不要哭喪著臉說「我是個沒用的人。」或「我總是把事情弄得一團糟。」

5.不要表現得太脆弱，推說自己無法承受別人的批評，或讓對方以為他傷了你的心。

6.不要責怪別人讓你做出某些行為。例如「要不是你找我一起參加舞會，我才不會花那麼多錢買衣服。」

7.別人批評你時，不要藉故改變話題，或裝作沒聽見他的話。

8.在還沒有聽懂對方的指責前，不要一再用道歉的話搪塞。這種做法不僅是在為自己脫罪，還會迫使對方說不出話。

9.不要把話題轉到解釋你為何會做那些事。對方可能會以為你在接受批評，但事後他就會感覺你在逃避問題。

10.不要反過來批評對方對你行為的反應。例如不要說他太敏感了。他的反應並不是關鍵所在。

11.不要故意嘲笑對方。尖酸的語言容易刺傷別人的心。

12.不要暗示對方，說他對你的批評是基於某種不為人知、含有敵意的動機。一再追問對方為何要反對你的行為，那你根本不是在接受批評。必要的話，可以留待之後再問，或許對方也不知道你的動機是什麼，不過他還是有權對你的某些行為提出異議。

13.不要對別人的批評冷嘲熱諷。若對方誇大你的缺點，別在意，因為他對你誇大不實的指控，反而會失去指責的意義。

仔細回想別人批評你時，你是否做到了上面的十三條準則，還是你根本無法接受別人的勸告。總之，當你開始傾聽別人對你的批評時，先自問下列問題：「我暴露出什麼弱點？」、「責怪我的人將如何待我？」

我們應該養成接納別人批評的習慣，因為對方批評我們根本毫無所得，甚至還會失去某些東西。但是不要避開一切指責，應該藉機學到你有什麼權利和你不該做什麼。

如果你不允許別人對你做任何批評，他們一開口，你便大喊大叫，或做任何動作表示你沒在聽他說話，那麼你也別期望別人有一天會聽你的批評。其實，只要把別人的批評視為對你行為有益就行了。何況，如果你願意耐心地聽對方把話說完，你也有權利反問。

要認定別人對你的批評跟你所做的事有關，而與你無法控制的事實無關。學習忍受他人批評的同時，也要忘掉會被批評摧毀的恐懼感。事實上，很多批評別人的人並非想要毀滅他人。

下次試著向批評你的人建議，要求他每次只對某一件事提出異議，不要一下子就把你過去做錯的事統統列出來而大加抨擊。因為我們會接受他人針對某一個行為的批評，對於一大串毫無希望改善的錯誤行為，誰說了都無法發揮作用。如果批評的人是好意，他應該知道這點。

當然，你也可以請批評你的人，不要一再重複責備你的話，更不要當眾人挑你的毛病。

當然，事情不可能都那麼順利，還是有可能會遇到喜歡當眾指責你的老闆。不過，如果對方變本加厲，完全不知道改善，你就該考慮是否要換新工作。

別人對你的批評是否適度、明確，可從對方的反應探知。例如你已經很誠心誠意地接受指責，而他卻不願原諒你的過錯，那麼問題並不在過錯本身，而是對方身上。只要你虛心接受他人的忠告，很少人還會惡意攻擊。

還有，要注意批評他人帶來的麻煩。批評他人一定要有正當的理由，而不是為了表現你的優越感，或因為你對毫不相干的事發洩怒氣而隨意指責別人。如果你故意把批評與輕視別人混淆，就可能會引起意想不到的問題。

還記得別人最後一次批評你是什麼時候嗎？如果是不久前，那麼你或許還會採取某種方法為自己辯護。其實，這樣做反而加重你害怕別人批評你的心理。下次再有人對你提出異議，你應該注意聽他的話，若他的批評還不至於毀滅你的自信、事業，或破壞你們之間的友誼，那麼你應該可以從其批評得到某種啟示。

如何表達你的愛

如果你生活在愛中，就能體會那是怎麼回事了。心中滿懷愉悅，不只是對你所愛的人，而是對所有的人，包括你自己及整個世界。此時，你彷彿看見到處都充滿美感，你不再害怕表達自己的愛，不管是用語言或沉默，都會表現得既溫馨又富情感，內心覺得踏實，心胸寬闊，而且充滿生機。但是你的愛可能只維持了數分鐘或數個星期，因為你的愛人拋棄你，或者過世了，不然就是你心中常會有失去愛的感覺。長久下來，你或多或少會對愛產生絕望，即使你已經結婚或有情人，即使你確定自己愛朋友、愛父母、愛自己的小孩，表面上似乎生活在愛裡，但是你竟發現心中對愛已生絕望之心，失望得不願再捲入其中。

有些人曾因受過重大的打擊，對愛不再有信心，總是說：「愛有什麼好處？」不再追求愛，並拿現實的眼光來衡量愛情，認為對方一定要有利用價值才願意跟他來往，而結婚只是為了繁衍後代，這就是他們對愛的看法。

也有很多人都不知道如何去愛別人，總是找藉口推說愛情是早已註定好的：「我就是找不到適合的伴侶。」、「每個人都跟我擦身而過。」、「只要我對某人有意思，就發現他已名花有主。」

其實並非命運阻礙了我們的愛，而是自己的態度影響我們去愛別人。

「只要你喜歡，就要表現出來。」我們時常未能將對某人的愛意或關懷之情適當地表達出來。每次我們沒有表現出愛的行為時，就會使自己更加不敢表示愛意，若能以行動表達愛意，我們就能給予及接受愛情，不再害怕愛情。

「感到對某人有愛意」這點相當重要。我們可由行動來加強動機。當然，我們不可能假裝表現愛某人，就能使自己去愛這個你根本無法接受的對象。不過，如果你對某人產生愛意，再用行動表現出來，就能加深愛意。

剛開始時，你可以與所愛的人，如朋友、情人、親戚在一起，再用行動表現你對他們的愛。千萬別壓抑你的感情。

如果你不確定自己是否愛對方，那該怎麼辨呢？沒關係，只要花幾分鐘時間，仔細思考幾個問題就知道了。你可以先想像要是沒有對方，自己會變得如何？見不到對方，心裡有什麼想對他說的話？沒有對方，生活有什麼改變？花點時間衡量你對某人的感覺，很快就可以發現自己真正的感情了。

表達愛的心理，與其描述自己過去的感覺，不如說出目前的感覺。雖然後者比前者更難說出口，但只要正視自己的感情，就不難說出口。

下面這幾點可以幫你變得更懂得如何去愛。

1.製造一些特殊的場合，使你們兩人能一起做某種活動。例如一起吃早餐、一起打球或一起散步，然後再不著痕跡地延長這些活動的時間。

2.偶爾送一些不易長久保存的東西給你所愛的人，但前提是你送的東西是對方喜歡的。或許有些人會認為買花浪費錢，但其實不然，這才是你們兩人共有的禮物。因此，當你想要為對方做點事時，不妨花點錢做這類的事——而不必去買你認為對方應該讀的書。

當然不是說如果你為對方買了一些有用的禮物，就會破壞你的感情，只是偶爾可以表現得較不注重實際功用，這樣有助於你體會愛情本身的價值——即使那件禮物並不為你們帶來什麼實用價值。

3.以適當的肢體接觸傳達你的愛意。與性騷擾不同，適當的肢體接觸，能夠讓對方注意到你的情感並意識到你的存在。當然，動作不能太過分，否則可能會造成反效果。

4.不要把對方當成某個固定的角色，阻礙了你對她的愛。如羅伊總需要妻子的提醒，否則就會像個孩子一樣忘東忘西。妻子則像是經常生氣的「媽媽」，久而久之，兩個之間的感情就會開始變質了。

如果你把對方當成你的良知，隨時譴責自己，那你就不可能真正去愛她。例如安琪拉對自己過胖的身材感到羞恥，並告訴朋友：「我必須減肥，否則老公就會不喜歡我了。」一旦她有這種心理，她就會開始下意識地厭惡自己的丈夫：「為什麼我這個樣子他就不愛我了？」其實，只有她自己才那麼在乎體重。

如果你想變美是為了取悅對方，那又另當別論。兩者的區別在於，前者是把罪過推給對方。因此，倘若你的行為是為了讓對方快樂，你的心中會增加不少溫暖之情；反之，如果你做某件事只是為了避免引起對方的不滿，那麼你是在製造不安。

5.想想對方什麼缺點最令你覺得困擾，然後自問：「我有沒有同樣的缺點？」或者「我怕不怕有這些缺點呢？」若答案是肯定的，你就得面對這些麻煩。因為在尚未找到解決的辦法以前，勇於面對現實才能讓你坦誠地愛對方。

6.最重要的一點，盡量去做些你喜歡與對方一起做的事。野餐、郊遊，看電影等，試著記住你與對方共度的歡樂時光，然後再去做一次。兩人最好在燈光柔和、氣氛溫馨的環境中會面，彼此分享快樂及成就感。並以相同的心情，共同去做更多事。

總之，要是你能夠在言語或行動中注入感情以表達你的愛，那是最好不過了。最重要的是，你一定要採取行動，不能只是光等著溫柔的時刻來臨，然後又讓它悄悄溜走。

如何讓人喜歡

每個人都希望討人喜歡，更希望被愛。我們也想使自己在別人心目中有地位、有分量，受到重視，擁有可以談心、能甘苦與共的朋友。

很多書都教我們如何才能使自己受人歡迎，例如：要先使自己變得可愛才會被人喜歡，所以不要頂撞別人，要說別人想聽的話，與同事相處要表現得圓滑，回到家中要隨和。

一個人的行為一直在加強這些行為背後的動機，你這樣做的動機是什麼呢？是害怕如果表現自我就不會受人喜愛，因而向世人說：「我知道自己不夠好，所以想盡量表現出符合你們期望的樣子。」

要是你的行為都是基於此動機，就會使這種想法愈來愈根深蒂固，也會更加害怕自己不符合要求，甚至發生一種很奇怪的現象：你可以使自己變得比從前更受人歡迎，但最後卻覺得孤獨。

只是被人喜歡還不夠，你必須覺得別人喜歡的是真正的你。很多有關這方面的書籍都忽略了這點，它們只是拚命要你去研究別人喜歡的東西，這麼做，反而會使你不受歡迎。

有位作家曾說過：「一個人若擁有很多書即表示此人不錯。」一位少女受了這句話的影響，就買一大堆書排滿書架，因為有人曾告訴她，每個好男人都喜歡比他更有知識水準的人，所以她只好偽裝有學問來吸引他。

不管她使男人更加喜歡她的目的是否實現，但她卻會因此而變得討厭自己。她的行為等於在告訴自己，她配不上她想要的那種男人，即使那位男人會愛上她及她那棟裝滿了書的房子，她也不可能有被愛的感覺。因為她根本就不知道對方愛的是她，還是她偽裝出來的面目？

我們常會為了討好某人而戴上某種面具，隱藏真正的自我，例如假裝自己很健談、樂意助人、很有藝術眼光等。這樣一來，即使對方待我們很好，也不表示別人很欣賞，因為根本沒有人知道我們本來的面目，而且假面具戴太久，有時連我們都會忘了自己是誰。

如果你經常努力想使每個遇見的人都喜歡你，你會更加迫切地需要被人喜愛。結果，每次認識陌生的朋友，就會不由自主地產生不安和焦慮感，甚至發現見過幾次面的人沒有對你表示讚許時，你就會開始焦慮起來。

太刻意去討人歡心容易招致反效果。想使每個人都喜歡你，反而會使自己變得一文不值。缺少主見，並不會留給別人好印象，別人可能還會在背後偷偷罵你：「那個人只會迎合別人，一點個性都沒有。」就算沒有發生這種情形，你也會一再地加深一種最糟的想法——沒有人會喜歡你本來的樣子。

想使自己被人喜歡，應該努力培養自己的特質，再以這些特質為出發點，好好發展。不要只圖接受別人的讚美。若想藉此出名，不僅不會成功，還得不到快樂。

那麼，到底要充實哪些特質呢？可以參考下列八點。下面這些做法，不但能讓你更愛自己，也能讓別人更喜歡你。

1.學習如何獨處。這是最有效的一招，如果你和你自己都不能好好相處，又怎能期盼別人會喜歡跟你在一起？反之，要是你善於安排自己要做的事，別人就會意識到你強勁的力量。

2.把別人當成獨立的個體，並欣賞這種個別差異。有人說，所謂取悅別人也就是被人取悅。每個人身上都有許多不同的特質值得你去發掘。

找出認識的人身上有何與眾不同之處，也許你會喜歡他們，也許不喜歡他們，但如果你喜歡，至少你喜歡的是他們本身。

3.享受生活的樂趣。有個女人天天去游泳，卻不能享受戲水的快樂；常打網球，卻不喜歡網球這項運動；與朋友玩牌也是三心二意，更不喜歡與人聚會。她的生活看似豐富，其實很刻板。你不做點喜歡的事，不但自己快樂不起來，別人也會不喜歡你。

不要放棄追求新的經驗，對於新的活動別畏縮不前，以免得不到該得的快樂。

4.避免憤世嫉俗。凡事以寬容的態度看待，生活會比較快樂。否則你可能會以為每個人都只為自己打算，不相信這世界上有真誠、寬大的人存在。

喜歡憤世嫉俗的人，多半是很難相處的人。這種人經常說些冷嘲熱諷的話，不只不受歡迎，甚至會讓你不再愛自己。

5.當你與某人在某個你認為重要的事件上有不同的看法，就要**勇敢地提出異議**。這樣你才會覺得自己有獨立的主見，也能讓別人了解你是有見地的人。

6.培養為別人設身處地著想的心。這樣會使你的生活更多姿多彩，更能與別人的生活溝通。

有些人不懂得將心比心，一再地冒犯別人，等到對方生氣時，才知道事態嚴重。一般而言，愈能深切體會自己的經歷，愈能同情別人的感受，自然就能縮短與他人之間的距離。

7.學習分享別人的喜悅。德國哲學家叔本華曾說：「每個人都會去同情別人的悲傷，但唯有天使才能分享他人的快樂。」

到底是什麼事情令你無法為別人的成功感到快樂呢？是出於嫉妒心？還是你在

害怕什麼？這表示你對自己缺乏信心及安全感。如果你不能分享朋友的成就，勢必更加害怕自己不如他，或擔心有一天他會棄你而去。

愈是吝於讚美別人，或是惡意毀謗朋友的成就，與朋友間的交情就愈糟。因此，心中不存恐懼，才能去泰然地分享他人成功的快樂。

8.重視自己的個性。每個人的個性都是自己創造出來的，你可以創造自己想要的類型。不必視自己為受害者，當然也不必把別人看成是一樣的受害者。

或許你還會想到其他更好的特質而想充實之，不管是什麼，都得用行為表現出來，而且不能只在跟你喜愛的人在一起時才表現。

例如，你平常與人見面時習慣遲到，但你的戀人卻要求你準時，因而凡是與戀人約會時，你都會準時到達，而與別人碰面時照常遲到不誤。你這種行為只表示你想留給她好印象，而不是真心想改過。最後，反而使你成為取悅於人的奴隸。

你會為了體貼別人，而要自己準時的想法沒有錯，但一定要做到不管跟誰約會都不遲到，否則就不是真正的體貼。

不要認為取悅他人才會受人喜歡，應該先好好地充實自身的優點，你才會覺得別人是喜歡你的長處。

光是被人喜歡還不夠，應該做一些自己覺得自然又樂於做的事情，才能吸引他人的注意，從而真正地被人喜愛，否則即使別人喜歡你，你也體會不出那種愉快，且會認為他們覺得你無論怎樣也無關緊要。

如何選擇和放棄

當你碰到該做抉擇時會怎麼辦？例如今天要穿哪件衣服？到哪裡吃飯？或者到底要不要跳槽？

三十六歲的寡婦瑪麗，花了幾個星期的時間，還是不能決定該把丈夫的遺照擺在何處。最初她放在閣樓上，接著移到臥室的桌上，最後又把它拿回閣樓，想法始終搖擺不定。

原來近兩年來，瑪麗一直與商人喬在約會，最近他已向她求婚，但瑪麗就是無法決定該把前夫的遺照放在何處——換句話說，她不知道是否應該與另一個男人重新展開新生活。兩個星期後，她終於決定接受喬的求婚，把前夫的遺照放在閣樓上。

對一件事情無法做決定時，通常暗示著與其他的事情有衝突。就像法蘭克，他一直不知道買花格子襯衫好，還是素色的好。花格子顯得輕浮，素色又太保守。

原來，法蘭克正努力使自己變得有自信。他小時候和嚴厲的叔叔生活在一起，叔叔要求他凡事中規中矩，只替他買一些老式、穿起來不舒服的衣服。

在這種管教下成長的法蘭克，個性變得非常內向，不敢有創新、大膽的思想，也因此兩度失去升遷的機會。

因此，他真正要做選擇的，並不是該買哪件襯衫，而是該過哪一種生活方式。要是選擇較保守的生活方式，未來難有發展；採取較放任的生活方式，又怕別人嘲笑他。即使是像穿花格襯衫這種小小的嘗試，他都有些畏懼，彷彿總聽到旁人在說：「那個膽小的法蘭克居然穿得那麼花。」

由於法蘭克不敢肯定自己，害怕別人批評，畏於嘗試新的東西，使得他優柔寡斷，而優柔寡斷的個性更是逐漸地加深他的害怕心理。所以，凡事不能當機立斷的人，幾乎都是害怕嘗試做某些事情。

人們常常會因擔心別人的譏笑，而在一件再簡單不過的小事情上花很多時間去考慮其利弊。

還有一種人是害怕自己會被視為某種類型的人，這種心理症狀幾乎可說是幽閉恐懼症，亦即相信如果你選擇做某件事，則表示你做不來其他的事。例如，運動員就不可能同時是哲學家；或者你只能精通英文或數學，不可能兩門都學好。

聰明而有天分的人，容易患有這種幽閉恐懼症。

演員布萊克極需錢用，卻又擔心每天開幾小時的計程車會荒廢表演才能。一位非常有才華的少女，她一直不能決定到底該學醫？還是去學聲樂？於是花了五年的時間去打工，一邊打工一邊做決定，最後終於上了醫學院，但是她卻已平白浪費五年的時間，或許在那段期間內，她可以往兩方面發展。

害怕、後悔、能力不足，總是伴著優柔寡斷的個性。你總是浪費不少時間及精力在決定要做什麼，而且還浪費更多的光陰猶豫你是不是該做其他的事。甚至因為過分在乎別人的意見及他人的忠告，錯失許多好機會。

想避免這些問題，就要先練習控制時間及改掉某些習慣。例如在五分鐘內決定要看哪一部電影。強迫自己在限定時間內做好決定後，還要貫徹到底。

當然，千萬別在數分鐘或數小時內決定結婚、離婚、懷孕或大筆投資等重大事件。不過，當這類問題來臨時，以上所提及的控制時間練習還是可以增加你做決定的信心。

許多藝術家都利用類似的時間控制練習，使自己能自由自在地嘗試錯誤。例如在三分鐘內畫好草稿，或者在這段時間內鉛筆絕不離畫紙。在這短暫時間內畫得很棒固然好，畫得不好，還是可以自己克服一定要畫得盡善盡美的心情。每次都苛求完美，最後可能會一事無成。

即使是再小的事情，要是久久都不能下定決心，遑論為其他事做決定。

而當你開始擔心會做出錯誤的選擇時，可以看看你對自己了解多少，問自己最糟的情況是怎樣。例如你的父母是否會因此而大怒？你將變得放蕩不羈？別人會嘲笑你？還是你會就此失去朋友或工作？

要是你發現自己之所以沒有果斷力是因為害怕某件事時，就要好好去面對它。

想想看，你的恐懼是否有根據？為什麼會對你影響那麼大？或許是真的有人會譏笑你，但是結果會如你想的那樣糟嗎？

沒有任何行為可以決定你的生活形態。就算法蘭克買了花格子襯衫，其他的事情依然可以照他原來的態度做決定。一件衣服的作用畢竟有限，他可以穿著這件花襯衫，但舉止比以前更保守。如果他想嘗試新的生活方式，只要做個決定，再採取不同的步驟貫徹就行了。例如他可以在下次開會時站起來發表自己的意見，或者開始邀請自己喜歡的同事去午餐。

人一生中可以試著去做許多不同的事情，如當飛行員、環遊世界。列出一張計劃表，看要花多少時間去嘗試做某件事，有些可能只要花幾個小時，有些卻要用好幾年的時間也說不定。

最後，當你找出令自己害怕的原因時，可能就會發現某些人似乎會令你害怕。例如你喜歡請客，但朋友真的前來拜訪時，你就要多花一點時間思考要放何種酒、吃哪種點心，或者你會想他們在家時都是吃新鮮的麵包，所以你也該為他們烤一些。

問問自己為什麼那麼擔心不能取悅這些人？他們都很喜歡批評別人嗎？如果答案是否定的，那就想想看，你是不是想從他們那裡得到什麼特別的東西，才會如此在乎他們。與朋友交往，而能展現真正的自己，那才算是最好的友誼。

怎樣才能使自己不擔心出錯呢？給自己一段時間。例如用一個早上的時間去準備請客的東西，而且要維持自己原本的做法。這樣一來，你就會假想客人一定會喜歡你準備的東西。

一個人之所以會養成優柔寡斷的個性，通常是與好苛求他人的人在一起而變成的。你總覺得一旦你做了錯誤的選擇，他們馬上就會責罵你，因此老是遲疑不決。

英國詩人艾略特曾在一首詩中懷疑地問道：「我敢驚擾這個宇宙嗎？」

當然敢！你會得到比你想要的更多，卻沒有失去什麼。

好心態，好自在

作者　安凱莉

發行人　林敬彬
主編　楊安瑜
編輯　蔡穎如
美術編排　帛格有限公司
封面設計　曾竹君

出版　大都會文化事業有限公司　行政院新聞局北市業字第89號
發行　大都會文化事業有限公司
110台北市信義區基隆路一段432號4樓之9
讀者服務專線：(02)27235216
讀者服務傳真：(02)27235220
電子郵件信箱：metro@ms21.hinet.net
網　　址：www.metrobook.com.tw

郵政劃撥　14050529 大都會文化事業有限公司
出版日期　2008年12月初版一刷
定價　220元
ISBN　978-986-6846-54-0
書號　Growth-026

Metropolitan Culture Enterprise Co., Ltd.
4F-9, Double Hero Bldg., 432, Keelung Rd., Sec. 1, Taipei 110, Taiwan
Tel:+886-2-2723-5216　Fax:+886-2-2723-5220
E-mail:metro@ms21.hinet.net
Web-site:www.metrobook.com.tw

國家圖書館出版品預行編目資料

好心態, 好自在. / 安凱莉 著. -- 初版. -- 臺北市 :
大都會文化, 2008.12
面； 公分. -- (Growth ; 026)

ISBN 978-986-6846-54-0 (平裝)

1.生活指導　2.自我實現

177.2　　97021804

大都會文化 讀者服務卡

書名：**好心態，好自在**

謝謝您選擇了這本書！期待您的支持與建議，讓我們能有更多聯繫與互動的機會。

A. 您在何時購得本書：_____年_____月_____日

B. 您在何處購得本書：__________書店，位於__________(市、縣)

C. 您從哪裡得知本書的消息：

1.□書店 2.□報章雜誌 3.□電台活動 4.□網路資訊

5.□書籤宣傳品等 6.□親友介紹 7.□書評 8.□其他

D. 您購買本書的動機：（可複選）

1.□對主題或內容感興趣 2.□工作需要 3.□生活需要

4.□自我進修 5.□內容為流行熱門話題 6.□其他

E. 您最喜歡本書的：（可複選）

1.□內容題材 2.□字體大小 3.□翻譯文筆 4.□封面 5.□編排方式 6.□其他

F. 您認為本書的封面：1.□非常出色 2.□普通 3.□毫不起眼 4.□其他

G. 您認為本書的編排：1.□非常出色 2.□普通 3.□毫不起眼 4.□其他

H. 您通常以哪些方式購書：(可複選)

1.□逛書店 2.□書展 3.□劃撥郵購 4.□團體訂購 5.□網路購書 6.□其他

I. 您希望我們出版哪類書籍：（可複選）

1.□旅遊 2.□流行文化 3.□生活休閒 4.□美容保養 5.□散文小品

6.□科學新知 7.□藝術音樂 8.□致富理財 9.□工商企管 10.□科幻推理

11.□史哲類 12.□勵志傳記 13.□電影小說 14.□語言學習（____語）

15.□幽默諧趣 16.□其他

J. 您對本書(系)的建議：

____

K. 您對本出版社的建議：

____

讀者小檔案

姓名：__________ 性別：□男 □女 生日：____年____月____日

年齡：□20歲以下 □21～30歲 □31～40歲 □41～50歲 □51歲以上

職業：1.□學生 2.□軍公教 3.□大眾傳播 4.□服務業 5.□金融業 6.□製造業

7.□資訊業 8.□自由業 9.□家管 10.□退休 11.□其他

學歷：□國小或以下 □國中 □高中／高職 □大學／大專 □研究所以上

通訊地址：______________________________

電話：（H）__________（O）__________ 傳真：__________

行動電話：__________ E-Mail：__________

◎謝謝您購買本書，也歡迎您加入我們的會員，請上大都會文化網站 www.metrobook.com.tw 登錄您的資料。您將不定期收到最新圖書優惠資訊和電子報。

好心態，好自在

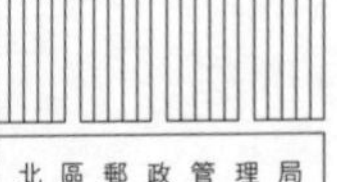

北區郵政管理局
登記證北台字第9125號
免　貼　郵　票

大都會文化事業有限公司
讀　者　服　務　部　　收

110台北市基隆路一段432號4樓之9

寄回這張服務卡〔免貼郵票〕
您可以：
◎不定期收到最新出版訊息
◎參加各項回饋優惠活動

大都會文化
METROPOLITAN CULTURE

大都會文化
METROPOLITAN CULTURE

大都會文化
METROPOLITAN CULTURE

大都會文化
METROPOLITAN CULTURE